# 生涯学習支援論

## —理論と実践—

浅井経子・伊藤康志・白木賢信・原義彦 編著

理 想 社

# はしがき

　社会教育主事講習等規程の一部が改正され、2020（令和2）年度より社会教育主事養成科目に『生涯学習支援論』、『社会教育経営論』等が必修科目として加わった。また、この規程の改正により社会教育主事講習や同養成課程の修了者は社会教育士を名乗ることができるようになり、公民館主事、社会教育指導員、地域教育コーディネーターとして、あるいはNPO法人、民間教育機関等の専門的職員として活躍することが期待されている。

　現在、いずれの地域にあっても少子高齢化、人口減少、人生100年時代、AI社会の到来といった課題に直面しており、そのような中での地域づくりが問われている。その在り方はそれぞれで異なるが、地域をつくるのは住民で、住民のための教育・学習の意義はますます重要になるに違いない。同時に、それを支える社会教育主事や社会教育士に求められる役割は決して小さなものではないであろう。

　本書は、『生涯学習支援論』のテキストとして、社会教育事業の立案・実施、地域住民の生涯学習支援、生涯学習を通しての地域づくりに必要な知識・技術はもちろんのこと、多種多様なかたちでの活躍が期待される社会教育士の活動も見込んで、生涯学習支援の理論と実践の知識・技術を提供するものである。具体的には、生涯学習支援者であれば理解しておきたい生涯学習の構造と方法、対象となる学習者の特性、人づくりにかかわる教育理論、社会の根幹を成す人権や多様性の尊重等を基盤とし、参加型学習とファシリテーション、学習相談、学習プログラムの編成と評価等にかかわる知識と技術、社会教育施設、団体や大学等による生涯学習支援の実際、情報社会の中での個人学習支援の実際などから構成されている。本書が社会教育の領域を超えて地域づくりや教育・学習にかかわる人々に広くご活用いただけることを願っている。

4

　理想社の代表取締役 宮本純男氏には、これまでにも様々なかたちでお世話になってきた。新しい時代の社会の形成に多少なりとも貢献したいという私どもの要望にいつも快く応え支えてくださるだけでなく、豊かな経験に裏打ちされた手腕で生涯学習・社会教育関連書を出版してくださっている。今回も本書の編集・出版を快くお引き受けくださった。最後になってしまったが、心から感謝申し上げる次第である。

2020（令和2）年2月

編者

# 本書の構成

　生涯学習支援は、生涯学習が各人の自発的意思によって行われることを基本としているため、人々のニーズに適う形で行われることが最も重視されると言えるであろう。さらに、豊かな人間性の形成といった内在的な要望にも応える必要がある。一方で、公的な支援にあっては、社会の要請に応じたり社会的な有用性を確保したりすることが求められる。

　生涯学習支援については、生涯学習の範囲は広く多種多様であるので、教育活動や学習相談等の学習者に対して直接行われる支援（直接的な支援）からプランの策定や施設設備の設置計画といった間接的な支援まで多岐にわたっている。本書が扱う内容は比較的人々の近くで行われる支援であるので、直接的な支援にかかわるものと、間接的な支援の場合でも学習プログラムにかかわるものなど、事業レベルのものである。ただし、社会教育主事養成課程の科目の内容として示された支援を中心としているため、例えば、資金援助や『社会教育経営論』で扱うことになっている学習成果の評価サービスや活用支援等は扱っていない。それらについては、理想社からほぼ同時に刊行する『社会教育経営論—新しい系の創造を目指して—』（浅井経子・合田隆史・原義彦・山本恒夫編著）をご覧いただきたい。

　本書の構成を図で示すと次頁のようになっている。　　　　　　　（編者）

【学習者に対して直接的に支援】【学習者に対して直接・間接的に支援】【学習者に対して間接的に支援】

学習相談による学習支援
（第6章第5節）

参加型学習とファシリテーション
（第3章）

ICT，SNSと学習支援
（第6章第3節、第4節）

大学、団体等における学習支援
（第6章第1節、第2節）

社会教育施設における学習支援
（第5章）

学習プログラムの編成と評価
（第4章）

学習支援のための教育理論（第2章）　　生涯学習の構造と方法（第1章）

生涯各期の学習者の特性（第2章）　　人権の尊重（第6章第6節）

生涯学習支援の基盤

本書の構成

# 目　　次

はしがき………………………………………………………………………3

本書の構成……………………………………………………………………5

## 第1章　生涯学習の構造と方法………………………………………15

第1節　学習活動プロセス…………………………………………15

第2節　生涯学習と「学習の仕方」………………………………17

　1.「学習の仕方」の構造……………………………………17

　2.「学習の仕方」と学習活動の関係………………………18

第3節　多様な学習方法・形態とその類型………………………19

　1. 集合学習………………………………………………20

　2. 個人学習………………………………………………23

　3. 個人教授のもとでの学習……………………………24

第4節　データで見る成人の学習方法・形態……………………25

## 第2章　教育理論と学習者の特性……………………………………29

第1節　生涯各期の発達課題………………………………………29

　1. 生涯発達から見た学習者の区分と発達課題………………29

　2. 属性等による学習者の特化……………………………30

　3. 学習課題の二つの側面―「個人の要望」と「社会の要請」……………31

第2節　アンドラゴジーとジェロゴジーの理論…………………31

　1. アンドラゴジーの理論…………………………………31

　2. ジェロゴジーの理論……………………………………34

第3節　学習集団形成の理論と学習支援…………………………35

　1. 集団学習の教育的効果…………………………………35

　2. 学習集団形成のプロセスと指導者の支援………………36

　　3．学習集団を支えるリーダーシップとフォロワーシップ……………38

　第4節　青少年期の理解と学習支援………………………………………39

　　1．青少年の特性と発達課題………………………………………………39

　　2．青少年の学習集団の組織化……………………………………………41

　第5節　成人期の理解と学習支援………………………………………43

　　1．成人学習者の理解………………………………………………………43

　　2．個人学習の支援と環境整備……………………………………………46

　　3．成人の学習集団と支援…………………………………………………48

　　4．子育て中の親の学習ニーズと学習支援………………………………50

　第6節　高齢期の理解と学習支援………………………………………53

　　1．高齢学習者の特性………………………………………………………53

　　2．高齢者の集団学習と支援………………………………………………56


第3章　参加型学習とファシリテーション………………………………61

　第1節　参加型学習とその意義…………………………………………61

　　1．学習者の社会参加を促すための学習支援とその意義………………61

　　2．学習参加への主体性を引き出すための学習支援とその意義………63

　第2節　参加型学習の形態・手法・学習プロセス……………………65

　　1．参加型学習の形態………………………………………………………65

　　2．参加型学習の手法………………………………………………………67

　　3．参加型学習のプロセス…………………………………………………71

　第3節　ファシリテーターの役割と求められる資質・力量…………73

　　1．ファシリテーターの役割………………………………………………73

　　2．ファシリテーターに求められる資質・力量…………………………75

　第4節　ファシリテーションの技法……………………………………76

　　1．参加型学習の導入におけるファシリテーション……………………77

　　2．グループワークにおけるファシリテーション………………………81

　　3．振り返り・共有化におけるファシリテーション……………………86

# 第4章　学習プログラムの編成と評価………………………93

## 第1節　学習プログラムの編成………………………93
1. 学習プログラム編成の目的………………………93
2. 学習プログラムを構成する要素………………………93
3. 社会教育計画等の行政計画における学習プログラムの位置付け…………96
4. 学習プログラムの例………………………97
5. 学習プログラム編成の手順………………………100
6. 学習成果の活用を促す学習プログラム………………………102
7. 学習メニュー方式の導入………………………105

## 第2節　学習プログラムの評価とその手法………………………105
1. 学習プログラム評価とその目的………………………105
2. 学習プログラム評価の分類………………………107
3. 学習プログラム評価の手順………………………108
4. 学習プログラム評価の課題………………………112

## 第3節　地域課題解決のための学習プログラム………………………113
1. 課題の発見・共有・解決………………………113
2. 栃木県の地域課題解決型学習プログラム「地域元気プログラム」………114
3. ロジカル・シンキングによる問題解決学習………………………117
4. アイデア出しと具体化………………………121

## 第4節　体験学習を導入した学習プログラム………………………123
1. 体験を通じた学習の捉え方………………………123
2. 体験的な学習の特性とプログラム編成の原則………………………125
3. 学習プログラム編成上の留意点………………………127
4. 学習プログラムを運営するための組織づくり………………………129

## 第5節　サービス・ラーニングを導入した学習プログラム………………131
1. 社会教育におけるボランティア活動の支援………………………131
2. サービス・ラーニングとは………………………132
3. サービス・ラーニングにおける学習………………………133
4. サービス・ラーニング導入の留意点………………………135

　　第6節　地域人材養成・研修プログラム……………………………136
　　　1．「地域人材」が求められる背景…………………………………136
　　　2．地域人材養成・研修の全体像……………………………………137
　　　3．プログラムの企画・実施・評価の基本的な考え方……………140
　　　4．プログラムの企画・実施・評価の具体的なポイント…………141
　　第7節　学び続ける教員のための研修プログラム…………………143
　　　1．教員の研修とその実施体系………………………………………143
　　　2．教員育成指標と学び続ける教員…………………………………143
　　　3．教員育成指標に対応した教員研修の体系と研修プログラム………145

第5章　社会教育施設における学習支援……………………………153
　　第1節　公民館における学習支援……………………………………153
　　　1．公民館とその現状…………………………………………………153
　　　2．公民館の役割―学習支援の役割と地域づくり支援の役割………154
　　　3．公民館における学習とその支援…………………………………158
　　第2節　図書館における学習支援……………………………………160
　　　1．図書館の定義と館種………………………………………………160
　　　2．公立図書館における学習支援……………………………………161
　　　3．図書館における生涯学習支援の意義……………………………166
　　第3節　博物館における学習支援……………………………………167
　　　1．生涯学習支援のための施設としての博物館……………………167
　　　2．博物館教育という概念……………………………………………169
　　　3．博物館の独自性と他機関との連携・協力………………………171
　　　4．博物館における学習支援の担い手………………………………172
　　第4節　青少年教育施設における学習支援…………………………174
　　　1．青少年教育施設における体験活動………………………………174
　　　2．学習支援としての体験活動の捉え方……………………………174
　　　3．データで見る青少年の体験の実際………………………………176
　　　4．青少年教育施設における学習支援の新たな取組………………178

## 第6章　多様なかたちで展開する学習支援················183

### 第1節　大学における学習支援················183
1．大学開放················183
2．地域と連携したプログラム················185
3．社会人の学び直し（リカレント（recurrent）教育）················187

### 第2節　団体・グループにおける学習支援················189
1．団体・グループの活動················189
2．団体・グループの分類················190
3．団体・グループの活動の意義················191
4．団体・グループにおけるメンバーの役割················192
5．役割の観点による団体・グループにおける学習················193
6．団体・グループにおける学習支援の今日的課題················194

### 第3節　ICTを活用した学習支援················194
1．地域におけるICT活用の生涯学習支援のタイプ················194
2．eラーニング・システムによる学習支援················199

### 第4節　SNSと学習支援················201
1．SNSの定義と特徴················201
2．SNSの利用目的と「学習」················203
3．SNSによる学習支援················204

### 第5節　学習相談による学習支援················206
1．学習相談の理解················206
2．学習相談フローとツール················211
3．eラーニング支援の学習相談················215

### 第6節　人権に配慮した学習支援················218
1．人権と主な人権課題················218
2．人権に配慮するということ················219
3．障がい者に対する配慮················220

12

付　学習の進め方シート……………………………………………227

　第1節　学習計画の作成1
　　　　　―学習目標の明確化と学習情報の収集―……………………227
　　1．学習計画の作成……………………………………………227
　　2．学習目標の設定……………………………………………227
　　3．学習情報の収集……………………………………………230
　第2節　学習計画の作成2
　　　　　―事前評価（自己評価）―…………………………………231
　第3節　学習機会の選択………………………………………………232
　第4節　学習計画表の作成……………………………………………234
　第5節　自己評価（振り返り）の意義と留意点……………………235
　第6節　学習活動のチェックポイント1―学習目標の自覚―………236
　第7節　学習活動のチェックポイント2―指導者との関係―…………236
　第8節　学習活動のチェックポイント3―学習仲間との関係―………238
　第9節　学習活動のチェックポイント4
　　　　　―学習内容・レベルとの関係―……………………………239
　第10節　学習活動のチェックポイント5
　　　　　―理解できないことがあるか―……………………………241
　第11節　学習活動のチェックポイント6
　　　　　―学習する時間がとれているか―…………………………243
　第12節　学習活動のチェックポイント7
　　　　　―充実感が感じられるか―…………………………………244
　第13節　その他の学習の継続を阻害する要因………………………245
　第14節　学習成果の活用………………………………………………247

資料　生涯学習関連の法律……………………………………………249

　教育基本法………………………………………………………………249

　社会教育法………………………………………………………………254

　人権教育及び人権啓発の推進に関する法律…………………………269

索引…………………………………………………………………………271

# 第1章　生涯学習の構造と方法

　ここでは生涯学習の構造を学習活動プロセスと「学習の仕方」の観点から取り上げ、生涯学習の方法については学習方法・形態を取り上げる。

## 第1節　学習活動プロセス

　学習活動への取組方は人ぞれぞれであるが、比較的多くの人がとる道筋をいくつかのステップに分けて配列したものが**図1-1**の学習活動プロセスである。四角で囲まれたところが学習活動のステップであるが、学習課題の発見から学習成果の活用まで7段階のステップに分かれている。各ステップについて簡単に説明することにしよう。

　人々は就転職、子育て、健康の維持・向上、近所付き合いなど多様な課題を抱えており、日常的にその課題解決に取り組んでいる。それは生活課題と言わ

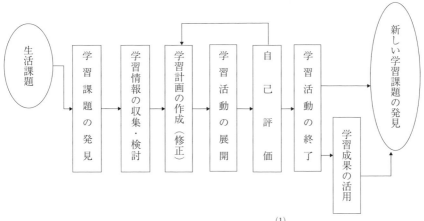

**図1-1　学習活動のステップ**[(1)]

れ、**図1-1**の中では左端に示している。課題解決に学習を必要としない生活課題もあるが、知識技術を身に付けなければ解決できない課題もあり、図中の生活課題は後者である。生活課題の解決のために、学習して新たに知識技術を身に付ける必要があると自覚するのが「学習課題の発見」のステップである。

　その学習活動を始めるためには、学習機会や教材、指導者等についての学習情報を収集する必要がある。さらに収集した学習情報から自分のニーズ、能力・レベル、生活条件等にあっているかを検討する。それが「学習情報の収集・検討」のステップである。

　次の「学習計画の作成」のステップでは、収集し検討した学習機会や教材等を組み合わせて自分なりの学習計画を作成する。その際には、学習目標を設定し、その目標の達成に適う内容、方法・形態の組合わせを検討する。学習目標は、先に述べた生活課題を解決するために必要な知識・技術を身に付けた状態である。

　学習計画ができればその計画に従って学習活動を展開することになる（「学習活動の展開」）。学習活動では複数の学習機会を利用する場合もある。学習活動を続けながら、学習目標に近づいているか、分からないことをそのままにしていないかなどを「自己評価」する。もちろん、指導者等に評価してもらう他者評価でもよいが、生涯学習にあっては自分で自分のことを評価することが大事なので、**図1-1**では「自己評価」とした。評価した結果、何らかの問題があれば学習計画を見直すこともあり、その場合は「学習計画の作成（修正）」のステップに戻る。それがフィードバックの矢印である。

　学習計画を修正した場合は修正した計画に従って学習活動を展開することになり、その成果を自己評価する。「学習計画の作成（修正）」、「学習活動の展開」、「自己評価」の三つのステップを循環しながら学習目標を達成するまで学習活動を継続することになる。自己評価して学習目標を達成したと判断したら、その段階でひとまず学習活動は終了する。それが「学習活動の終了」のステップで

ある。

　身に付けた知識・技術を生かして生活課題を解決する。それが「学習成果の活用」のステップである。学習成果を生かす中で、学ぶべき課題が見つかれば、それは次の段階の「新しい学習課題の発見」になる。「新しい学習課題の発見」は学習活動の中で見つかることもあるため、**図1-1**では二つの矢印が「新しい学習課題の発見」に向けられている。

　なお、「生活課題」は学習活動には含まれないので楕円で示した。また、「新しい学習課題の発見」は次の段階の学習活動になるのでやはり楕円で示した。

　本書の巻末に、これまで述べてきた学習活動プロセスに即して作成した「学習の進め方シート」を掲載した。実際にシートに記載してみよう。それにより、学習活動の構造に対する理解がより深まるものと考える。

（第2節）生涯学習と「学習の仕方」

## 1.「学習の仕方」の構造

　生涯学習は主体的、自発的に行うことを基本としているため「学習の仕方」を身に付ける必要があることは、これまでにもたびたび言われてきた。しかし、それは決して易しいことではなく、しかも「学習の仕方」とは何かについてもあいまいにされてきた。そこで、次に「学習の仕方」について考えてみよう。

　ここでは「学習の仕方」を次の三領域で考えることにする。

　①　学習目標を明確にし、自分にあった学習計画を立てる方法
　②　学習技法・問題解決技法等の知識・技術
　③　学習活動の状態を客観的に認識・評価する方法

　まず①についてであるが、学習目標があいまいであるといろいろな学習に手を出したりして、学習者自身何を学習しているのか分からなくなる。目標を見

定めてに自分の能力や生活条件にあった学習方法・形態を組み合わせ、自分に
あった学習計画を立てることが大事である。

　②の学習の技法についてであるが、例えば本の読み方、文章の書き方、話し
方、各種メディアの使い方、表現の仕方、情報の検索の仕方、まとめ方等の知
識・技術をあげることができる。まとめたりする際には問題解決技法等も役に
立つ。さらに、討議法やグループ・団体活動の運営方法等の知識・技術も学習
の技法に含まれるであろう。

　また③の学習活動の状態を客観的に認識し評価する方法とは、自分の設定し
た学習目標をどの程度達成したか、学習計画を予定のペースでこなしているか、
どこに学習上の問題があるか、などを正確に捉え自己評価する方法である。最
近ではメタ認知（meta cognition）能力の重要性がたびたび指摘されるが、「学
習の仕方」を身に付けることはこのメタ認知的能力の学習にかかわるものと言
うことができる。具体的に言えば、その学習は、学習活動を行う上で必要な自
分の認識能力を把握し、認知過程を監視し、制御する知識・技術を身に付ける
学習である。

## 2．「学習の仕方」と学習活動の関係

　図1-2は「学習の仕方」と学習活動の関係を示したものである。図中の下の
欄に記してあることがこれまで述べてきた「学習の仕方」である。

　学習活動を継続するには「学習の仕方」を身に付けておく必要がある。「学習
の仕方」を身に付けていないと学習活動を進める過程でいろいろな問題にぶつ
かり、学習活動をやめてしまったり、学習意欲をなくしてしまったりする。**図
1-2**で「学習の仕方」から「学習活動」に向けて矢印が出ているのはそれを表
している。

　「学習の仕方」は学校教育を受けている間に身に付けることができればよい
が、なかなかそうはいかない。しかし、「学習の仕方」を身に付けてから学習活

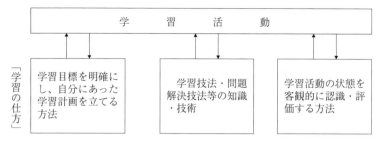

図1-2　学習活動と「学習の仕方」の関係

動を始めるということでは、一生かかっても学習活動に着手することはできない。むしろ、学習する中で身に付くものでもあるので、学習活動を継続しながら「学習の仕方」を学ぶと考えた方がよいであろう。**図1-2**で、「学習活動」から「学習の仕方」に向けての矢印はそのことを示している。

## （第3節）多様な学習方法・形態とその類型

　生涯学習の領域は幅広く、学校や社会の中で行われる意図的、組織的な学習活動はもとより、人々のスポーツ活動、文化活動、趣味、レクリエーション活動、ボランティア活動等の中でも行われている。生涯学習の方法・形態を見ても多種多様で、生涯学習は可能な限り自分に合った学習方法・形態を自ら選んで学習するものとされている。[4]

　学習方法・形態を類型化すると**図1-3**のようになり、一般には集合学習と個人学習に大別されている。簡単に言えば、集合学習とは、複数の学習者が集まって学習する方法・形態である。それに対して、個人学習とは、文字通り、学習者が一人で学ぶ方法・形態である。さらにいずれとも言えない方法・形態に、個人教授のもとで学ぶ方法がある。学習者は複数の方法・形態を選び組み合わせて学習している。

　次に、これらの3類型についてもう少し詳しく説明することにする。

```
          ┌ 集団学習：講座、教室、グループ・サークル等
   集合学習 ┤
          └ 集会学習：講演会、演奏会、映画鑑賞会等

          ┌ ・本を読んだり、テレビ講座を視聴したり、インター
          │   ネットで検索したりしながら自分で学習するタイプ
   個人学習 ┤ ・図書館や博物館を利用して一人で学習するタイプ
          │ ・遠隔教育を利用して学習するタイプ（放送大学、
          └   社会通信教育、eラーニング等）
   個人教授のもと
   で行う学習
```

**図 1 - 3　学習方法・形態の類型**

## 1．集合学習

　複数の学習者が集まって学習する方法・形態である。そのため、時間的、空間的制約を受けることになる。時間的制約とは学習する日時があらかじめ決められていることで、空間的制約とは学習する場所が決められていることである。

　集合学習は、集団学習、集会学習の二つに大別される。

①　集団学習

　集団学習とは、複数の学習者が学習集団を組織して、話し合ったり協力し合ったりしながら学習活動を行う方法である。例えば、学級、講座、教室、グループ、サークルでの学習活動があげられる。学習者同士が互いに学び合ったり、情報交換したり、相互理解を図ったりすることができる。それだけに人間関係がこじれたりすると学習活動の継続が難しくなるといった問題もある。

　集団学習には講師等の専門的な指導者がいる場合といない場合があるが、学習集団を運営するリーダーは必要であろう。もちろんリーダーは交代制であってもよい。

集団学習の特徴として、次のようなことがあげられる。

（ⅰ）　話し合い学習が重要な要素となっており、それゆえ相互学習が可能である。

（ⅱ）　参加型学習が可能である。

（ⅲ）　集団を組織し、運営を務めるリーダーの役割が大きい。

②　集会学習

　集会学習とは、特定の集会等に学習者が任意に参加して学習する方法である。例えば、講演会、演奏会、映画鑑賞会などでの学習活動があげられる。学習者集団が組織化されるわけではないので、多くの場合、参加者同士が知り合いになったり、会話を交わしたりすることなく学習活動が進められる。多くの学習者が集まって学習活動が行われるが、一人一人は孤独な学習者であるといったことも多い。ただし、全体討議等があれば、それを通して他者の発言に刺激を受けたり学んだりすることも可能である。

---

【参考】

　相互学習の可能性

　一般の学習の場には、学習を支援する教育主体と学習を行う主体が存在する。相互学習の場合は、一人の学習者が教育主体になったり、学習主体になったりして、教育主体と学習主体が入れ替わる。簡単に言えば、教え合ったり学び合ったりする。

　集団学習では講師による講義後に討議等を組込むプログラムをよく見かける。討議を通して相互学習が可能であるからである。特に、成人の学習にあっては学習者の経験を学習の場で生かすことが重要と考えられていることもあり、学習効果の面からも相互学習の可能性は大きいと考えられている。

討議法

　討議法にはいろいろある<sup>(5)</sup>が、代表的な方法を紹介しておこう。


　①円卓討議（round table discussion）

　参加者が円形テーブル等に着座して、司会者の下で参加者が平等に話し合う方法である。司会者はすべての参加者が発言できるように配慮する必要がある。記録者を置く場合も多い。

　②順送り問答（circular response）

　参加者が円座して、司会者のもとで一つのテーマについて順に決められた時間話し合う方法である。まず司会者とその隣のＡとが話し合い、次にＡとその隣のＢとが、さらにＢとその隣のＣとが……、というように話し合う。最後に、司会者がその話し合いからまとめを行う。

　③ブレインストーミング（brainstorming）

　ＢＳとも言う。できるだけ多くのアイディアを出してもらうときに使う。ルールは次の四つである<sup>(6)</sup>。

　　ⅰ．批判厳禁：他者が述べた意見を批判してはいけない

　　ⅱ．自由奔放：他者の批判以外は何を言っても許される

　　ⅲ．質より量：できるだけ多くの意見を出す

　　ⅳ．結合改善：他者の述べたアイディアを使って、よりよいアイディア
　　　　を出す

　もちろん、アイディアをたくさん出すだけでなく、最後には出されたアイディアを皆で吟味して、有効なものに絞る。その際には、当然ながら批判解禁となる。

　ＢＳ法は、問題解決を図る際の発散的思考のステップでよく用いられる。発散的思考とは、「質より量」を重視して自由にいろいろなアイディアを出

すときの思考である。

④ディベート（debate）

源平式討議とも言う。一つのテーマについて、賛成の意見の人と反対の意見の人に分かれて、何人かの代表者が意見を述べ合う。相対立する意見が出されるので、視野を広めることができるが、ともすればそれぞれ持論に固執して、柔軟性を欠いた話し合いになるおそれがある。

⑤パネル・ディスカッション（panel discussion）

代表討議、陪審討議とも言う。参加者の代表者（パネラー）数名が参加者の前で意見を述べ、その後で全体討議（フォーラム）に入る。

⑥シンポジウム（symposium）

講壇討議とも言う。テーマにあった数人の専門家（シンポジスト）が参加者の前で意見を述べ、その後で全体討議に入る。

パネル・ディスカッションの場合のパネラーは参加者の代表者であるが、シンポジウムでのシンポジストはその道の専門家である。

⑦6・6討議

バズ・セッション（buzz session）とも言う。原則として、参加者が6人ずつのグループに分かれて同一テーマについて6分間討議をし、それぞれのグループの話し合いの成果を発表した後で、全体討議に入る。

## 2．個人学習

個人学習は、学習者が一人で学ぶ方法である。「一人で」ということは、仲間がいないということである。指導者も少なくとも面前にはいない。そのため、時間や空間（場所）の制約から解放されるという長所がある。いつでも好きなときに、自分のペースで学習できる。学習場所を考えても、自宅、勤め先、電車の中などの様々なところで行われている。

　しかし、自由度が高いだけに難しさもある。分からないことがあったときに
すぐに答えを得ることはできない。また、悩みを共有する仲間もいない。その
ためつまずきやすく、学習意欲をなくしたり、挫折したりすることも多い。ま
た学習目標の設定が甘いと、当初学習しようと思った内容から次第にずれてし
まうこともある。

　個人学習のタイプには次の三つがある。

(ⅰ)　本を読んだり、テレビ講座を視聴したり、インターネットで検索したりし
　　ながら自分で学習するタイプ
(ⅱ)　図書館や博物館を利用して一人で学習するタイプ
(ⅲ)　遠隔教育を利用して学習するタイプ（放送大学、社会通信教育、ｅラーニ
　　ング等）

　指導者は面前にはいないと述べたが、そのように述べたのは教材等を提供す
る指導者が存在する場合があるからである。上記の(ⅱ)や(ⅲ)がそうである。図書
館や博物館を考えてみよう。図書館資料は司書によって選書され、分類・配列
されている。博物館資料も同様に、学芸員によって選定され、展示されている
し、解説もある。さらに、図書館のレファレンスは相談サービスであるし、博
物館でも学芸員に質問できる。また、遠隔教育の場合は、専門家がプログラム
の内容と構成等をつくり、郵便やネットを介して指導を受けることになる。直
接会うことはないが、指導者は存在している。

## ３．個人教授のもとでの学習

　マン・ツー・マンでのかたちで指導が行われるのが個人教授で、我が国では
伝統的に稽古事などで行われてきた。ここでは学習の面から見ているので、そ
のような個人教授のもとで受ける学習ということになる。指導者と１対１で学

ぶ形態であるため、仲間がいないという点で個人学習に含む場合もある。

　ただし、個人教授の形態も様々である。複数の弟子（学習者）がいて弟子同士で情報交換等ができたり、発表会などを通して弟子同士が学びあったりできる場合も多い。塾に近い個人教授形態は集合学習に含めて考えてもよいであろう。

### （第4節）データで見る成人の学習方法・形態

　成人が行っている学習方法・形態の現状について、内閣府が2008（平成20）年と2018（平成30）年に行った『生涯学習に関する世論調査』の結果から見てみることにしよう。

　**表1-1**の2018（平成30）年のデータを見ると、「インターネット」による学習の比率が2割を超え、最も高くなっている。「インターネット」による学習に加えて「自宅での学習活動（書籍など）」や「テレビやラジオ」、「図書館、博物館、美術館」などを含めると、個人学習の方法・形態はかなりの比率になり、10年前に比べても急増していることが分かる。

　一方、2008（平成20）年の頃は「公民館や生涯学習センターなど公的な機関における講座や教室」、「カルチャーセンターやスポーツクラブなど民間の講座や教室、通信教育」、「同好者が自主的に行っている集まり、サークル活動」といった集団学習の比率が比較的高かった。しかし、**表1-1**を見ると、10年間の間に学習率が10％強も高まっているにもかかわらず、公的施設、民間機関等の講座・教室、グループ・サークル活動等の比率は減少している。成人の学習にあっては、集団学習中心から個人学習中心へと学習方法・形態の傾向が変化していると見ることができる。

表1-1　学習方法・形態の実際—10年間の比較— %（学習方法・形態は複数回答）

| | 学習率 | インターネット | 職場の教育、研修 | 自宅での学習活動（書籍など） | テレビやラジオ | 図書館、博物館、美術館 | 公民館や生涯学習センターなど公的な機関における講座や教室 | カルチャーセンターやスポーツクラブなど民間の講座や教室、通信教育 | 同好者が自主的に行っている集まり、サークル活動 | 学校（高等学校、大学、大学院、専門学校など）の講座や教室 | 学校（高等・専修・各種学校、大学、大学院など）の正規課程 | その他 | わからない |
|---|---|---|---|---|---|---|---|---|---|---|---|---|---|
| 2008年（平成20） | 47.2 | 10.1 | 10.7 | 13.8 | 4.9 | 6.8 | 15.6 | 13.8 | 12.6 | 4.6 | 1.7 | 2.0 | 0.3 |
| 2018年（平成30） | 58.4 | 22.6 | 21.5 | 17.8 | 14.5 | 13.8 | 10.4 | 9.1 | 8.0 | 6.7 | — | 0.6 | 0.2 |

内閣府「生涯学習に関する世論調査」2008（平成20）年、2018（平成30）年実施。

2018（平成30）年の調査に合わせ、比率は回答者全体の中での比率にした。

調査対象は2018（平成30）年調査では18歳以上の成人、2008（平成20）年調査では20歳以上の成人。

## 注

(1)　学習活動のステップと捉え方には様々なものがある。山本恒夫は問題解決ステップとの対応で、「学習の必要性の自覚」→「学習目標の設定」→「学習情報の収集」→「学習メニューの作成」→「学習の展開（知識・技術の習得、態度変容）」→「学習の評価」としている。山本恒夫「生涯学習と学習方法」、伊藤俊夫・山本恒夫編著『生涯学習の方法』第一法規、1993（平成5）年、所収。

(2)　問題解決技法については、高橋誠『問題解決手法の知識＜新版＞』日本経済新聞社、1999（平成11）年、浅井経子・伊藤康志・原義彦・山本恒夫編著『生涯学習支援の道具箱』一般財団法人 社会通信教育協会、2019年、伊藤俊夫・山本恒夫編著『生涯学習の方法』第一法規、1993（平成5）年等を参照のこと。

(3)　伊東裕司「記憶と学習の認知心理学」、『記憶と学習』（岩波講座　認知科学　第5巻）、

　　市川伸一ほか編著、岩波書店、1994（平成 6 ）年等を参照のこと。

(4)　中央教育審議会答申『生涯学習の基盤整備について』（1990（平成2）年）等を参照
　　のこと。

(5)　国立教育会館社会教育研修所『人権に関する学習のすすめ方』（ぎょうせい、1997
　　（平成 9 ）年）等を参照のこと。

(6)　高橋誠前掲書、67〜72頁等を参照のこと。

### 参考文献

- 浅井経子編著『生涯学習概論−生涯学習社会の展望− 新版』理想社、2019（令和元）年
- 浅井経子・伊藤康志・原義彦・山本恒夫編著『生涯学習支援の道具箱』一般財団法人 社会通信教育協会、2019（平成31）年
- 浅井経子・合田隆史・原義彦・山本恒夫編著『地域をコーディネートする社会教育−新社会教育計画−』理想社、2015（平成27）年
- 浅井経子『生涯学習の方法』八洲学園大学、2005（平成17）年
- 高橋誠『問題解決手法の知識＜新版＞』日本経済新聞社、1999（平成11）年
- 山本恒夫・浅井経子・手打明敏・伊藤俊夫『生涯学習の設計』実務教育出版、1995（平成7）年。
- 伊藤俊夫・山本恒夫編著『生涯学習の方法』第一法規出版、1993（平成5）年
- 河野重男・田代元弥ほか編著『社会教育事典』第一法規出版、1971（昭和46）年

## 第2章　教育理論と学習者の特性

### 第1節　生涯各期の発達課題

#### 1．生涯発達から見た学習者の区分と発達課題

　どのような人が学習するのかということは、何のために（目的）、何を（内容）、どのように（方法）学習するかにかかわって重要である。学習者あるいは学習集団の特性を理解し、その学習ニーズを把握しなければ、事業等のよりよい企画立案は難しく、効果的な学習支援はできない。生涯学習の主体あるいは社会教育の対象を理解するために、人が生涯にわたる発達段階において、学習者としてどのような特性とニーズがあるのか見ていこう。

　生涯学習を支える社会教育は、子どもから高齢者まで幅広い年齢層の人々に学習の機会を提供している。生涯にわたる学習機会の提供は、人間は生涯を通して成長し発達を遂げるものである、という考えを前提にしている。人間の発達に即して人生の各時期を区分したものが発達段階であり、健全な発達を遂げるために各段階において達成しておくことが望ましい課題を発達課題と呼ぶ。各時期に固有の特徴、特有の状態があるならば、それにうまく適応し、課題を達成して発達を遂げることができるかどうかは重要なことである。

　従来から学習課題設定の指標として用いられてきたハヴィガースト（Havighurst, R.J.）の発達課題論、エリクソン（Erikson, E.H.）のライフサイクル論などの標準化モデルは、人生を幾つかの発達段階に分け、各段階の（生物学的、心理・社会的）特徴と課題を示していて参考になる。ハヴィガーストは、身体的成熟、社会的・文化的要請や価値などから、幼児期・児童期・青年期・壮年初期・中年期・老年期の段階ごとに固有の発達課題をリストにして提示している。例えば、幼児期には歩行・話すことの学習や家族等との情緒的つなが

り、児童期には読み・書き・計算など基礎的能力の発達や友だちと仲良く遊ぶこと、青年期には職業の選択と準備や精神的・経済的自立、壮年初期には結婚生活のスタートや子の養育及び市民としての責任の分担、中年期には経済的生活水準の維持や生理的変化への適応、老年期には引退や老化への適応などである。課題の中には1940〜50年代当時の欧米社会の価値観が反映されていることもあり、より多様な生き方ができるようになった現代の日本社会には必ずしも当てはまらない内容もあるが、人間の発達は一生涯にわたること、生涯各期に固有の発達課題があることを示した意味は大きい。

　学習は基本的には多様な個人の多様な営みであるが、このように人生のある時期に、より多くの人が共通して迎えると想定される状態や直面するであろう課題を設定することはできる。

　この章では、生涯発達から見て、人生を青少年期・成人期・高齢期に区分し、各期の学習者としての特性を理解した上で、教育理論を基にその学習支援について考える。

## ２. 属性等による学習者の特化

　発達段階から見た学習者の区分のほかに、課題によって特定の属性を持つ対象に限定される学習もある。例えば、従来では婦人（今では女性）、勤労青年のための学級などがあった。現在でも、復職・起業を考える女性のための講座や、障がい児（者）のキャンプ、男の料理教室など、その属性に特有の課題や学習ニーズに対応する学習が提供されている。そこには幅広い年代の女性が参加したり、幼児から青年までの障がい者がともに活動したり、若い父親も退職後の男性もいる、というように、発達段階を超えた多世代を対象としていることも少なくない。また、高齢者と子どもを対象にした世代間交流事業もある。

　この章では学習者の特性を発達段階による区分で見ていくが、実際の事業では特定の属性に特化した対象や、様々な発達段階の学習者が混在する学習集団

がある。

## 3．学習課題の二つの側面―「個人の要望」と「社会の要請」<sup>(2)</sup>

　学習の出発点は個人のニーズである。社会教育では学校教育とは異なり、学習の目的は人それぞれであり、内容や方法も学習者が選択できる。生涯学習の支援にあっては主体的な学習を尊重し、学習者のニーズに応えることが求められている。多様化、高度化した個人の要望に、行政だけではもはや対応できない。様々なニーズに応える多種多様な課題の学習が、民間団体やNPO、大学などによっても提供されている。また、学習者自身による自主的なグループ・サークルも生まれている。

　このような状況の中で、公的な学習機会においては「個人の要望」による学習以外に、「社会の要請」に応える学習も期待されている。例えば、現代的課題<sup>(3)</sup>や地域課題に対応する学習を意図して市民に問題提起を行うなど、社会的に必要とされる課題に取り組む学習活動のきっかけをつくることが期待されている。

　学習者の特性と発達段階からくるニーズだけでは導き出せない学習課題があることにも留意しておきたい。

## 第2節　アンドラゴジーとジェロゴジーの理論

### 1．アンドラゴジーの理論

　ハヴィガーストの発達課題論は、教育・学習は学齢期の若年者だけのものではなく、大人になっても重要であることを認識するきっかけとなった。従来、教育学と言えば子どもを対象にしたものという考えが一般的であったが、1960年代にアメリカのノールズ（Knowles, M.S.）によって成人教育論・学習支援論が体系化された。ノールズは、ハヴィガーストの発達課題論を基に、成人の特性に合った学習支援の方法・技術（The art and science of helping adults learn）の必要性を唱え、これをアンドラゴジー（andragogy）と呼んだ。<sup>(4)</sup>ギリシャ語

の paid（子ども）と agogos（指導）を組み合わせたペダゴジー（pedagogy）に対して、andros（成人）と agogos を組み合わせて成人の教育・学習論を示した用語である。ノールズは成人学習者の特徴として、自己管理的であること、豊かな学習資源となる経験があること、実生活に根差した問題意識が中心であることなどをあげ、このような特徴を前提とした成人教育論の構築を試みている。その後の研究成果も踏まえながら、以下、成人教育理論のポイントを確認しておきたい。

(1)　自己主導的学習（self-directed learning）

学校教育では、あらかじめ（大人によって）用意された学習内容、知識を学習者（発達の途上にある子ども）に教授することが主流で、学習者は教育を受ける受動的存在のイメージがある。しかしながら成人教育では、学習者が自立した人間として、自身の学習ニーズに基づき学習目標を設定し、学習過程や学習内容を主体的に選択、決定し、その成果を評価していくという自律的・能動的な学習の在り方が、成人にふさわしい学習スタイルとして提起されている。

成人教育では、学校教育的な教師ではなく、学習者の自己決定を助けたり、学習活動を促したりする援助者としての役割がより重要になる。

(2)　経験の活用と意識変容の学習

成人は、職業生活や家庭生活などを通して子どもよりも多くの経験を蓄積している。それらの豊かな経験は、有用な学習資源となる。成人の学習においては、学習者それぞれの多様な経験を学習テーマと結び付けることによって、経験を活かしながら学習をより効果的に進めることができる。

他方、成人は人生経験が豊富であるだけに、経験の中で蓄積された知識・技能に固執しがちである。過去の実績に囚われたり、こだわりや自信が思い込みや固定観念となって、新しい知識や考え方を受け入れ難くするなど、経験が学

習を妨げる場合がある。メジロー（Mezirow, J.）は、物事を考えたり行動する際の前提となる根本的な価値観などを学習者自身が変革することが必要な場合があることを指摘している。自分たちが普段あまり自覚することがない意識、慣習化された認識様式を「省察（reflection）」によって変革する学習、すなわち「意識変容の学習（transformative learning）」は、自身の認識とその根拠を振り返ることによって、より主体的に自己主導的に学習できる存在へと自己変革する学習方法としても提示されている。

　変化が激しく、不確定要素が多様で、将来予測や見通しが困難な現代社会においては、様々な知識の確かさや有効性を見極めるのは難しく、私たちは自らの状況について、また状況に対処するために、持っている知識について省察的にながめることがより求められているとも言えよう。

### (3)　社会的役割と学習課題

　学校教育を中心とした子どもの学びは教科中心で、分野ごとに順次性と適時性を考慮されて系統的に内容が組まれている。そのため、学習を始める際に子ども自身が学習の必要性を実感していない場合も多い。また、将来役に立つと考えられている知識・技能の基礎・基本から積み上げていくことが多いため、すぐに役立つわけではない知識や技能も少なくない。だからこそ、導入時における動機付けによって、課題についての興味関心を喚起し、学習の必要性を自覚してもらうことが重要なのである。これに対して、成人教育の内容は、すぐに応用できる知識・技術や、実社会の生活で直面している課題の解決に結び付くものなど、社会的関心が強い学習、課題解決学習が中心である。成人の多くが社会人として今まさに生活している当事者だからである。

　成人の学習は、基本的に各人のニーズから始まるが、その学習ニーズはそれぞれが担っている社会的役割から生じることが多い。一般的に成人は、家庭生活、職業生活、地域活動など幾つもの生活場面で様々な役割を担っている。そ

の役割を果たす過程で課題に直面した場合、その課題解決の一つの手段が学習である。

　成人教育では、学習者が自身と課題（テーマ）との関係性を確認し、当事者として主体的にかかわっていく過程を支援することが重要である。

## ２．ジェロゴジーの理論

　1970年代にアメリカで高齢者に関する学際的な研究が進展したが、その中で高齢者に対する学習支援についての研究「老年教育学」も進んだ。成人教育論をアンドラゴジーと言うのに合わせて、高齢者の学習論は gero（老年）を組み合わせジェロゴジー（gerogogy）と呼んでいる。レーベル（Lebel, J.）は、ジェロゴジーを「高齢者を教える技術と科学」と定義し、高齢者の特性を次のように指摘している[6]。すなわち、高齢者は 1）依存的な自己概念を持つ、2）多くの経験を学習資源として用いることが困難となる、3）学習動機において、社会的（職業上の）役割との関連は小さくなる、4）学習の成果より過程、学習の経験それ自体を意味あるものとする。したがって、学習においては、このような高齢者の特性に配慮した支援が求められる。

　高齢期は一般的に、心身の老化、職業からの引退や配偶者、友人との死別などによる人間関係の縮小、やりがいの喪失など、危機的な状況に直面することの多い年代である。想定される危機的状況への対処が、高齢期の大きな学習課題である。医療・福祉分野からの働きかけとの連携も実践的な場面では必要とされることが少なくない。

　このように、高齢期というとマイナス面が注目されがちであるが、これからは、高齢者のための新たな学習プログラムを開発し、学習環境を整え、高齢者のポジティブな面を引き出そうとする視点も強調されている。特に、超高齢社会を迎えている日本では、高齢期の人生を新たに意味付け、人生経験を生かしながら他者や社会とのかかわりを広げる可能性を持つ学習の展開は、個人にとって

も社会にとっても重要な課題と言えよう。スイスの医師トゥルニエ（Tournier, P.）は、これまでの仕事中心の「第 1 の人生活動」と区別して、高齢期の主体的な生き方を「第 2 の人生活動」と呼び、高齢期の生活の中核となる自由時間は重要な人生のための時間であり、その中で人々は、これまでの職業生活に付随していた利害関係や職階的関係の制約から自由になり、独自の発達をとげていくと述べている。<sup>(7)</sup>

　平均寿命が伸びている現代の日本社会では、個人差には留意しつつ、より長い年月を過ごすことを見据えて、高齢期の新たな課題に対応しながら多様な生き方を支援する学習の在り方を考えることが求められている。

　今後は、ペダゴジー、アンドラゴジー、ジェロゴジーを一つの人生のプロセスの中で考え、生涯各期の教育理論として連続性や統一性をもって捉えることが大切である。また、ペダゴジーの発想を成人教育実践で部分的に用いたり、アンドラゴジーの研究成果を子どもの教育に応用するなど、生涯学習を支える理論として、効果的に組み合わせることも考えられる。

## （第 3 節）学習集団形成の理論と学習支援

### 1．集団学習の教育的効果

　学習の形態には、個人学習と集合学習があることについては前章で述べた。実際の学習場面では、集合学習（集会学習、集団学習）の間に個人学習をはさむなど相互補完的に展開することが多い。

　ここでは、生涯各期の学習支援を考えるにあたり、特に社会教育の学級・講座等が集団学習を中心に行われることから、学習集団形成の理論を確認し、その学習支援について考えておきたい。

　集団学習は、a. より多くの情報を入手し交換できる、b. 目的や目標を共有するので学習活動がぶれにくい、c. 話し合い学習などにより問題の理解や認識を深めることができる、d. 相互援助により知識や技術を身に付けやすい、e.

励ましあったり助け合ったりすることで活動が継続されやすい、f. 役割分担や作業などを通して社会的態度が形成される、g. 地域課題や社会的課題に共同で取り組むことができる、h. 経験を共有することによって仲間意識や心の絆が生まれる、というようなメリットが考えられる。

　以上のような効果は、集まった人たちの資質、人間関係能力、経験やリーダーの力量などが影響するし、集団形成過程での活動内容が大きく関係する。学習集団の組織化とその支援が大切なのはそのためである。

### ２．学習集団形成のプロセスと指導者の支援

　学習集団は一般的に次のような活動プロセスをたどる。

#### (1)　集合期

　社会教育では様々な学習動機と目的を持って学習者が集まってくることが多い。お互いに初めて顔を合わせるので、不安と緊張感がある。指導者への依存が強い傾向があるので、場面によっては主導的に指図するような指導も効果的である。この段階では、まず自己紹介や簡単なゲームなどでアイスブレイク（ice break）を行い、緊張をほぐすことから始める。また、学習のテーマについて参考となる資料や事例を提示して問題意識を刺激し、今後の学習へつなげるようにする。

#### (2)　交流期

　メンバーがそれぞれの意見・情報を出し合い、交流を深めながら問題意識を共有していく段階である。初期の緊張がほぐれ、メンバーが自由に意見を交換できるようになる。交流の密度は高まるが自分勝手な行動も表れやすいので、前もって一定のルールを決めておくことが有効である。この段階の指導者は、全員が参画できているかを確認しながらメンバーのエネルギーの発散を見守り、意

見を調整しながら集団を受容して次の段階へ備える。

(3)　活動期

　メンバーの参画意識が高まり、集団に仲間意識が芽生えてまとまりと秩序が生まれてくる段階である。集団活動がメンバーの協力と共同作業によって目的に向かって行われるようになる。メンバー各自が自分の役割を自覚し、責任を持って活動する。この段階の指導者は、基本的にはメンバーが自覚的、主体的に活動するので、補助的・支援的な態度でかかわるとよい。ただし、新たな問題に直面したり、慣れや疲れが出てくることがあるので、相談に乗ったり励ましたりする応援機能は大切である。

(4)　展開期

　成熟した活動の時期である。メンバーがそれぞれの能力と経験を生かしながら役割と責任を果たし、全体を見通した判断や行動ができる段階で、集団はまとまって創造的な活動を展開することができる。この段階では、指導者は創造的な活動展開に協働的にかかわっていくことが望ましい。

　以上で見たように、学習活動そのものが集団の人間関係形成過程だと言える。人は、経験を共有することによってつながりを深める。経験の共有時間が長く、負荷の大きい経験ほど心理的な結び付き（仲間意識）は強まる。したがって、実際の学習活動ではＫＪ法[8]などのグループワークを取り入れたり、寝食をともにする合宿研修や懇親会を組んだり、発表の場を設定するなどの方法も効果的である。がんばった分だけ学習活動の達成感が大きく、はじめはばらばらに集まってきたメンバーが活動を通して次第に仲間集団になっていく。

　複数の小集団が活動する場合には、集団間の競争意識を活用したり、小集団間で情報を交換・共有したり、報告会など問題を確認しあう場面を設定すると、

全体の学習効果が高まる。

## 3．学習集団を支えるリーダーシップとフォロワーシップ

　学習活動は、リーダーの存在に支えられる。随所に先導的な助言や励ましなどを挿入しながら集団の学習活動を支援し推進していく力がリーダーシップである。社会教育の学習集団では、次のようなリーダーシップが求められる。

　　a．集団の意義と目的を全員で共有し、目標を明確に示す
　　b．目標を達成するための手だてを明らかにし、集団の規範を示して役割を
　　　分担する
　　c．活動を通して個々のメンバーが能力を発揮し、意欲的に活動できるよう条
　　　件を整える

　このようなリーダーシップを発揮するためには、コミュニケーションをとりながら各メンバーの性格や資質をできるだけ把握すること、そのために活動の過程でよく観察すること、リーダー自身が集団規範の模範を示すこと、情報を提供すること、学習活動にメンバーの意見を生かす機会をつくること、話しやすい雰囲気を醸成することなどが肝要である。

　ただ、リーダーだけが奮闘しても他のメンバーが適切な行動をとらなければ集団の目標を達成することはできない。リーダーをフォローするフォロワーの役割もまた重要である。よいフォロワーはリーダーを尊重し、非難をせずに提案をし、集団全体として生産性が高まるように努める。フォロワーとしての体験を積むことも大切である。

## （第 4 節）青少年期の理解と学習支援

### 1．青少年の特性と発達課題

⑴　青少年期の区分と課題

　青少年期は、学童期、思春期、青年期を含み、小学生から社会人になるまでの時期である。「青少年育成施策大綱」（2003（平成15）年12月 9 日 青少年育成推進本部決定）では、おおむね30歳未満の者を対象として各年齢期の課題を以下のように述べている。

　　学童期：小学生期——後の成長の基礎となる体力・運動能力を身につけ、多様な知識・経験を蓄積し、家族や仲間との相互関係の中で自分の役割や連帯感などの社会性を獲得していくことが重要

　　思春期：おおむね中学生～高校生にあたる時期——自分らしさを確立するために模索し、社会規範や知識・能力を修得しながら大人への移行を開始することが重要

　　青年期：おおむね高等学校卒業以後にあたる時期——親の保護から抜け出し、社会の一員として自立した生活を営み、さらに公共へ参画し、貢献していくことが重要

　上記の定義では、青年期をおおむね30歳未満としているが、時代的な背景によって青年期を延長して捉える傾向がある。上の区分は、生物学的な成長（年齢）だけでなく、社会的役割や立場によるものであり、親の保護から離れて、経済的・社会的に自立していく移行期を青年期と捉えている。現代の日本社会では、無業・未就業等の若者の自立支援が一つの課題となっており、支援の対象者が無業のまま中高年になっていくことが新たな問題となっている。厚生労働省の若年者雇用の定義では、青年層を15歳から34歳までとして支援を行ってお

り、地域若者サポートステーション<sup>(10)</sup>では15歳から39歳までを支援の対象としている。このように、領域によっては30代までを若年層、青年期と捉えるようになっている社会の実態がある。様々な学習の場においても、学習の目的、内容によって青年層には幅があることを想定し、柔軟に対応することが必要であろう。

　いずれにせよ、青少年期は社会的な自立を目指して「生きる力」を養う時期と言える。


(2)　「生きる力」の育成

　学校教育における学習指導要領でも「生きる力」の育成が課題となっている。「生きる力」は、「確かな学力」（基礎的な知識・技能を習得し、それらを活用して、自ら考え、判断し、表現することにより、様々な問題に積極的に対応し、解決する力）、「豊かな人間性」（自らを律しつつ他人とともに協調し、他人を思いやる心や感動する心などの豊かな人間性）、「健康・体力」（たくましく生きるための健康や体力）の三つのバランスのとれた力としている。<sup>(11)</sup>

　これらの力の育成が課題となっているのは、変化の激しいこれからの社会を生き抜くために必要と考えられたからであり、実際の子どもたちに「生きる力」が十分に育っていないという現状認識があるからである。人生を生き抜く力が付かないままに大きくなれば、社会的な自立も難しくなる。

　力を付けるためには、子ども自身が体験することが大切である。例えば、体力を付けるには身体に一定の負荷をかけること、身体能力を高めるためには身体を動かしてよく遊ぶことなどが必要である。人間関係能力を磨くには、集団の中で様々な人と話し合ったり共同で作業をする体験を積むことが必要である。耐性を育むためには、多少の困難に耐えて子ども自身で課題を乗り越える体験が欠かせない。

　現代社会では、都市化、核家族化、科学技術・情報化の進展等による環境や

生活様式の変化、親の意識の変化の中で、子どもたちの遊びや生活も変化し、健全に成長・発達するために必要な体験が欠損しがちである。そのような体験を、社会教育では学習プログラムとして提案できる。今の子どもたちに欠けがちな体験としては、自然体験、異年齢集団体験、共同生活体験、自発的活動体験、社会参加・勤労体験、困難体験などが考えられる。

## 2．青少年の学習集団の組織化

　ここでは、主として学童期・思春期の青少年について考える。

　青少年期は、学校教育を中心に教育・学習がなされる時期である。青少年にとっては学校生活における集団が大きな意味を持っている。上述した課題への対応は学校の教育課程の中でも意図されている。しかしながら、学校教育は限られた時間の中での教科による基礎的な知識の修得に重きが置かれているので、直接体験の場が少ない。また、学年・学級など固定的な集団活動が中心で、柔軟性に乏しい。学校教育のみでは十分な発達支援が難しい。社会教育では、学習集団も活動も比較的自由に組織化することができる。学校教育と社会教育が連携することによって、集団学習の教育効果が高まることが期待される。

　自然の家などの施設利用学習、教室・講座、イベントなどの学習機会のほか、子ども会、ボーイ・ガールスカウト、スポーツ団体など地域の青少年団体における活動もある。

　しかし、義務教育の学校と違い社会教育事業への参加は個人の自由である。青少年の場合は保護者の意識が参加を左右することが多い。学校の呼びかけなども影響力がある。まず、参加を促す働きかけや、きっかけづくりが大切である。

### (1)　体力・身体能力を高める集団活動や遊び

　身体に一定の負荷をかけ、身体の諸機能を活用する運動や遊びが有効である。自然の家などを利用した山登り、ウォークラリーや沢歩き、カヌー体験などは、

戸外で力いっぱい身体を動かすことができる。集団活動のメリットは、多少の負荷も仲間と一緒なら励ましあってがんばれるということにある。また、ゲームや小集団ごとの競争などを仕組むと、楽しみながら意欲を持って取り組むことができる。

遠い施設でなくても、放課後子供教室や土曜教室など校区内の日常的な活動[12]の中で身体活動や遊びを設定することは可能である。異年齢でも一緒にできる鬼ごっこやボール遊び、縄跳びなど、全身の機能を使う遊びをしかけるとよい。

(2) 多様な仲間集団における協力活動と規律

社会教育では、かなり幅のある異年齢集団を組むことができる。子どもが将来生きていく実社会には様々な人間がいる。社会の縮図として、学校生活とは違う異年齢集団の中で学ぶ意味は大きい。ルール違反やわがままが通らずにがまんすることも学ぶ。発達段階の違う仲間と協力する作業や活動の過程で、衝突したりすれ違ったりする体験も経て、年長者が年下のメンバーをいたわったり、リーダーシップを発揮する場面も出てくる。また、年下のメンバーは上級生に憧れ、上級生を模倣してがんばることもある。

集団宿泊のような共同生活体験を組むと、食事、後片付けや掃除など生活の様々な場面でいろいろな役割を担う機会をつくることができるので、集団の中で役割をきちんと果たしたときには、周りの仲間から感謝され、認められるという体験を積むことができる。指導者が見ていてほめることも重要である。

青少年期は仲間集団の影響を受けやすい時期なので、集団全体にがんばる雰囲気が出てくると、メンバー一人一人にもよい影響を及ぼす。上級生などの核集団に規律ができると周囲がそれに同調して全体の規律ができてくる。リーダーを中心にルールについて事前に話し合ったり、グループの約束ごとを自分たちで決めるようにしむけるなどの支援が大切である。ある程度の集団規律ができれば、子どもたちのより自主的な行動を促すことができる。大人の指導者は、

規律を乱す行動に対しては適切に指導する必要がある。


(3)　自然体験や社会体験を通した共同学習の組織化

　学校教育は教科の中で自然界や社会の事象を学ぶが、どうしても机上の学習が中心である。体験を通して学ぶ場面は少なく、実体験が伴わない知識が多くなる。

　社会教育では、環境を活用して直接体験を伴う学習活動がかなり可能である。公園や森の中を探検したり、自然の材料を使って工作したり秘密基地をつくることもできる。星の観察をしたり、ナイトウォークで夜の虫を観察することもできる。魚を獲ってさばき干物を作る体験、貝を掘ってみそ汁を作る体験、畜産や農林業の体験など、豊かな地域資源を活用した集団学習ができる。地域の協力を得れば、職業体験も可能になる。小集団ごとの調べ学習、まとめと発表など、共同で取り組むことで学習の効果も高まる。

　また、自らが地域社会に貢献するボランティア活動は、人の力になれることに喜びややりがいを感じ、社会の一員としての自覚を培う機会となる。

　社会教育のプログラムとしてこのような体験活動を提供するとともに、義務教育段階の学校教育と社会教育が連携・協力すれば、より多くの子どもたちに豊かな体験の場を提供することが可能になる。

## （第5節）成人期の理解と学習支援

### 1．成人学習者の理解

　成人教育論が、学習者としての成人の特性を前提に構築されてきたことは第1節、第2節で述べた通りである。ここでは改めて成人学習者の特性を明らかにした上で、その学習支援について考える。

(1)　成人期の課題と学習のニーズ

　成人期は、社会人として自立するときから定年前後までの時期である。年齢で一律にあてはめるのは難しいが、あえて年齢で言えば、20歳代から65歳くらいまでである。ただし、前節で述べたように、近年は30歳を越えても社会的・経済的に自立していない若者が少なからず存在することから、青年期を30代までとする捉え方もある。成人期に移行する節目は、個人差もあると言える。

　成人期は、一般的に職業生活があり、配偶者を選択して家庭を持ち、子どもを生み育て、自らの生活の充実のための活動だけでなく、地域社会などで市民としての役割を果たす時期である。男性と女性によって、あるいは仕事や家庭生活の状況によって、問題意識も学習課題もかなり違ってくる。また、成人前期と後期によっても課題は異なる。

　学習のニーズは、社会的役割に関して生ずることが多い。一般的に成人は多くの社会的役割を担っている。例えば、社会人や職業人としての役割、夫や妻としての役割、親や子としての役割、地域社会における役割などである。期待される役割をうまく果たそうとするときに様々な課題に直面する。その課題を解決するための一つの手段が学習である。例えば、職業人として仕事上の役割をうまく果たそうとするときに能力不足を自覚して英会話やパソコンの学習を始める、ＰＴＡの役員になって子どもの安全を地域で守る必要性を感じ、地域学習やボランティア活動を行う、親が年老いて介護が必要になったときに医療・福祉の学習を始める、というようなことである。

　成人期の学習内容領域には、①家庭生活に役立つ知識・技術、②育児・教育、③語学を含むコミュニケーション能力、④職業上必要な知識・技能、⑤教養的なもの、⑥趣味的なもの、⑦健康・スポーツ、⑧地域・社会問題、⑨ボランティア活動のために必要な知識・技能などがあげられる。

⑵　成人学習者の特性

①　身体的特性

　身体機能は徐々に衰え始める。特に成人後期では視力等の低下が始まり、記憶力の衰えも自覚される。メタボリック症候群など生活習慣病を併発しやすい症状が気になり始める人も少なくない。職業人としても家庭人としても最も忙しい時期のため、運動不足であったり、食生活や生活リズムが乱れていたり、ストレスが大きく疲れを抱えている人も多い。そのような状況にある場合は、生活習慣を見直し、身体機能や健康を維持するための活動、ストレスを解消するための趣味の活動やレクレーション活動などが大切になってこよう。

②　心理的特性

　成人は主体的な学習者、自己主導的（self-directed）学習者である。学習の動機は自らの内に持っているため、ニーズに対応する学習活動を自ら選択する。基本的に興味を抱き、必要性を自覚しているテーマに取り組むので、学習のレディネス（素地、readiness）(13)がかなりできている場合が多い。

　また、前述したように、直面している具体的な問題を解決するための課題解決学習を求める傾向にある。すなわち、実生活に"役立つ"学習を求める人が多い。

　仕事をしながら、あるいは育児・介護や家事をこなしながら学習活動に参加し、学習を継続することはなかなか難しい。忙しい人にとっての時間は貴重である。したがって、学習に費やす時間に見合う成果をより強く求める。

　学習についてのイメージは、これまでの経験が影響している。学習は楽しいものと感じている人もいるが、苦手意識や自信のなさを秘めている場合もある。一方自尊心が子どもよりも高いので、恥をかくこと、プライドを傷つけられることを恐れる傾向が強い。心情的に安心できる学習環境を整えることが大切である。

　それまでの人生経験の中で蓄積された知識や技能は豊かな学習資源であるが、

そこに強いこだわりや自信があるために、新しい考えやかかわり方を受け入れることが難しい場合がある。第2節で述べたように学習者が自身の信念や判断・認識とその根拠を振り返り、捉え直すことを促す省察的な学習は、成人期こそ重要である。

③　社会的特性

　成人は、職業経験や生活経験などの人生経験が豊富である。したがって、知識や技術、能力もそれぞれの経験の中で蓄積しているものがすでにたくさんある。集団学習では、それらの豊かで多様な経験を活用することができる。すべての成人が、ある特定のテーマについては講師になれると言える。学習活動の指導者（支援者）には、テーマと学習者の経験を結び付け、それを集団で共有することによってより効果的な学習を促進するファシリテーター（facilitator）としての役割が期待される。

　また、成人は基本的には自己主導的で自律的な学習者ではあるが、学習を継続する過程では弱気になることもある。また、依存的な学習者（例えば、自分自身はあまり関心はないが知人に強く誘われて仕方なく参加した場合など）もいないわけではない。したがってともに学習する仲間、励ましあったり刺激を与え合ったりする友人の存在は大きい。職業上の人間関係や家庭内の人間関係とは異なる「学習の縁」でつながる人間関係によって、学習がより楽しくなり、活動が継続し、自主学習グループに発展する可能性も生まれる。成人は地域社会で生活する主体として、地域の課題を認識する中心的な世代である。地域課題は一人では解決できない。集団学習によってより効果的な学習活動ができる。

## 2．個人学習の支援と環境整備

　成人は、自己主導的な学習者であると述べた。学習は基本的に自身の学習ニーズによって始まる。自分で学習の目標を設定し、自身にふさわしい内容・方法を選択、実行し、学習成果を評価できる主体的な学習者である。生涯学習社

会では、このような個々人の多様な学習ニーズに対応できる学習環境や条件の整備が求められている。社会教育では以下のような支援が大切である。

　第1に、学習機会の提供である。人生の様々な局面にある成人が求める課題に対応できる学習メニューを提供するためには、社会教育行政はもちろん、教育行政と一般行政部局の連携・協力、学校教育と社会教育の連携、ＮＰＯや民間団体との連携・協働などが必要である。また、放送大学や社会通信教育、ＩＣＴ利用学習など、多様なメディアを活用しながら個人の都合や生活状況に合わせて学習できる提供体を整備することは、今後ますます求められよう。

　第2に、学習情報の提供である。いかに学習機会を用意しても、その情報が学習を求めている人に届かなければ意味がない。例えば、自治体の紙媒体の広報誌だけでなく、インターネットで検索できるホームページ、スマートフォン等で容易に検索できるサイトや、多くの人が集まる場での広報など、多様な手段によって情報を提供し、より多くの成人がアクセスできる環境を整えることが大切である。そのためには、多様に存在する情報を「学習情報」として一元化することが肝要である。また、高齢者や障がいのある人など、情報弱者になりがちな人たちへの配慮も必要である。

　第3に、学習に関する相談の機会である。個人の学習ニーズが多様化・高度化し、学習の提供体も多様に存在する中で、個人が自分にふさわしい学習機会を選択することは必ずしも容易ではない。成人は様々な社会的役割を担っているため、生活や時間に制限があることが多い。各人の目的に適い、学習の内容・形態、時間帯・期間、頻度、予算、場所までの距離など、様々な条件に合う学習機会について、相談にのり、適切な助言や情報を伝える場が求められている。相談の方法も、窓口での直接対応以外に、電話相談、メール相談など多様であることが望まれる。担当者が、一元化された生涯学習情報にアクセスしながら対応できる体制を整えておくことも重要な条件である。

## 3．成人の学習集団と支援

　成人学習の基本は個人学習である。忙しい成人期には一律の集団学習活動への参加は難しい場合も多い。しかしながら、同じ目的を持つ仲間と学習することでより効果的な学習ができる場合もある。また、地域社会の問題のように個人ではなかなか対応できない学習課題もある。ここでは、地域課題に対処する学習集団の支援について考えてみよう。なお、地域にはＰＴＡ、婦人会、各種グループ・サークルなど学習活動を行っている社会教育関係団体がある。

　基本的な支援の留意点は、第3節の「学習集団形成のプロセスと指導者の支援」で述べた通りである。成人学習者の特性に関連して、特に配慮すべき点は以下のようなことである。

### (1)　課題と問題意識の共有化

　それぞれに問題意識があって参加しているとしても、既習の知識も人生経験も価値観もかなり異なるため、テーマに関して情報を共有し、「何が問題なのか」を共通理解することが必要である。

### (2)　理論と実践の組み合わせ

　地域や地域課題についての学習は、現実に地域で起こっている事象に対処するので、机上や座学の学習だけではなく、地域に直接かかわって活動する実践が大切である。成人は地域で生活している当事者であるので、情報を積極的に収集し、人的ネットワークを活用して地域人材や団体との関係を主体的に開拓していくことが比較的容易である。

### (3)　全員参加型の運営と活動

　それぞれが人生で様々な経験を積んでいる成人の集団は、メンバーの個性が強く出ることがある。自分の信条や意見を主張する人もいれば、控えめで発言

の少ない人もいる。共同学習は、メンバー全員の参画度が大切である。例えば
ＫＪ法を活用するなどして、全員が発言し、全員が役割を果たし、同じように
グループにかかわっているという意識を持てるようにすることが大切である。

#### (4)　人間関係深化のしかけ

　人は、経験を共有することによって仲良くなる。研修室での話し合いや実習・
実践も経験を共有する場である。人間関係をより深化させる工夫として、休憩
時に茶菓で懇談したり、懇親会を持ったりすることも効果的である。青年の家
などを活用して宿泊を伴う研修にすれば、長い時間をともに過ごし寝食をとも
にするので、メンバー間の距離が一気に縮まる。

#### (5)　経験の活用

　それぞれが持っている知識や技能など、豊かな人生経験を活動に活かすこと
も可能である。活動の内容によって、それぞれの得意分野で活躍してもらうこ
とができる。リーダー的な立場を経験している人が、集団をうまくリードして
いく場面も見られる。

#### (6)　社会的承認と評価

　志や問題意識を持って取り組んでいるとしても、地域課題に対処する活動は
負荷の大きい活動である。楽しいばかりではない。取組の過程や活動の成果を
地域がきちんと評価して、広報で紹介するなど社会的に承認することが大切で
ある。地域の人に認められ、感謝されることによって、やりがいを感じ、継続
する意欲も生まれる。

#### (7)　事務局の支援機能

　社会教育関係団体等の事務局の果たす役割は、精神的にも物理的にも大きい。

施設や場所の提供（使用料の減免対応なども含む）、情報（人材、施設・設備、教材・用具、助成金など）の提供、リーダー研修などの機会提供、広報誌での情報発信などのサポートや、地域の組織・団体や人材を紹介してつなぐというコーディネート機能も大切である。最終的には、自主学習グループが育って、学習集団の巣立ちを支援することが期待される。

## 4．子育て中の親の学習ニーズと学習支援

　成人期の中でも、子育て中の親は、自分自身が教育者（子どもを育てる立場）としての役割を担いながら学習者（親として学ぶ立場）でもあるという特別な状況に置かれている。ここでは特に乳幼児を持つ親に焦点をあて、その学習ニーズと支援について考える。

### (1)　乳幼児の特性と家庭教育支援

　乳幼児期は、0歳から小学校就学前の時期である。

　親など身近な人との安定した関係の中で、知性や自我、運動能力等の基礎的発達をとげるべき時期である。特定少数の身近な人との強い情緒的きずなを形成することが、人間への基本的信頼と愛情を育てていく基礎となる。人とのかかわりを通じて認知や情緒を発達させ人格の基礎を形成していく。また、これからの社会生活の前提として、基本的な生活習慣を身に付けていくことも大切な課題である。

　乳幼児を直接的に社会教育の対象とする学習活動はあまりないが、乳幼児を持つ親あるいは親子を対象とした教育・学習の場が想定される。親に対して、子どもの成長・発達に必要なこと、しつけを行う上で配慮することなどを学んでもらい、子どもの養育環境を整えて健やかな成長・発達ができるよう間接的な働きかけを行う家庭教育支援、子育て支援の活動である。家庭教育は、子どもが成長して自立するまで、すなわち少年期、青年期を通して継続していくもの

であるが、ここでは乳幼児期を中心に見ていきたい。

　(2)　乳幼児を持つ親の特性とニーズ

　社会の価値観が多様化する中で、若い親世代の意識やライフスタイルは多様化している。また、就労している母親も増えており、社会の子育て環境も変化している。したがって、乳幼児を持つ親もそのニーズも一様ではない。

　親たちが抱える様々な問題のすべてに社会教育が対応できるわけではない。例えば、保育所を整備し、児童虐待に対処するのは福祉行政の仕事である。雇用環境を整備するのは労働行政の役割である。しかし、「子育ての仕方が分からない」ので教えてほしい、「しつけや育児に自信がない」ので相談したい、というような家庭教育のニーズに応えることはできる。また、他行政と連携することによってよりきめ細やかな対応が可能になる。

　乳幼児は、大人の保護と世話がなければ生きていけない。この時期の育児は、もちろん楽しみもあるが、親にとって物理的、身体的、精神的な負担は大きい。日本では父親が育児にかかわる時間は多いとは言えない。一般的に、乳幼児期の子育ての負担や家庭教育の責任は母親に集中している。そのため、家庭教育支援の対象も母親が主流であることが多い。

　(3)　乳幼児を持つ親の組織化と支援

　乳幼児を持つ親の活動には、親子を対象にするものと親のみを対象にするものがある。

　①　ゆるやかな親子集団─交流と共同の子育て

　地域社会のつながりが薄れ、核家族化が進む中で、就園前の乳幼児を持つ親は孤立しがちである。身近な地域で複数の親子が気軽に集まれる場所が求められる。

　乳幼児期は、月齢や年齢によっても子どもによっても生活リズムや体力がかなり異なるので、一律の活動が難しい。また、若い親世代は直接的なコミュニケーションが苦手ということも少なくない。

　そこで、出入りが自由で、誰がいつ来ても帰ってもよい、子どもを遊ばせながら過ごすというようなゆるやかな交流の場である子育てサロンやサークルのような集団があるとよい。学級や教室のような学習ではないが、子育ての先輩であるボランティア・サポーターや子育てをしている親同士の会話の中から、子育てに関する情報が得られる。また、悩みを相談することもできる。同じような悩みを抱えている人と話して「自分だけではないのだ」と安心したり、話を聴いてもらうだけでも気持ちが軽くなるということもある。

　ただし、集団である以上、最低限のルールやマナーなどの約束事は決めておいたり、対応についてサポーターの共通理解を図るなどの準備や配慮は必要である。公民館や市民センター、児童館などを使っているところが多い。

　子育てサロンを利用していた親が、自分の子育てがひと段落した後に、今度は自分がボランティア・サポーターとして支援する主体になったり、自主学習グループや読み聞かせなどのサークルに発展することもある。

　②　乳幼児の親をつなぐ新たな支援

　社会教育では、親のための講座や家庭教育学級などを開講しているが、できるだけ多くの親が参加できるように、平日の昼間だけでなく土日や平日の夜を活用する学習機会や企業への出前講座も企画している。それでも参加は親の選択に委ねられているので、教育に関心のある一部の親のみが集まってくることが多い。あるいは、学習機会の情報が届いていない場合もある。社会教育だけでは限界がある。

　そこで、よりきめ細かな支援のために教育と福祉行政が連携してチームをつくり、問題を抱えている家庭を訪問し、特別な支援が必要な場合は行政の部署につないだりして、個別のニーズに対応している。家庭訪問や個別面談を重ね

て信頼関係ができたのちに、孤立している親を子育てサロンに誘ったりサークルを紹介するなど、次の学習機会やグループにつなぐこともある。

　最近では、メール相談やスマートフォンのサイトで子育て情報を提供するなど、ＩＣＴを活用した子育て支援も行われている。子どもが寝ている時間など自分の都合に合わせて活用することができる。特定の関心によってつながるインターネット上のコミュニティも生まれている。「ネット上の集団」という新たな形態である。ネット上での交流が熟してくると、実際に集まって話をする「オフ会（オフライン会合）」に発展することもある。インターネット上の交流では、サイトの適切な管理とサポートが重要である。

### （第6節）　高齢期の理解と学習支援

**１．高齢学習者の特性**

⑴　高齢期の区分と新たな課題

　高齢期は、おおむね65歳以上である。

　多くは定年退職後、あるいは子どもが独立して離れ、老後、余生と呼ばれる人生の最終段階である。平均寿命の延長とともに長くなる死までの時間を、健康に生きること、有意義に過ごすことが課題である。一般的に高齢前期と後期（おおむね75歳以上）ではその内容はかなり異なってくるが、年齢だけではなく個人差による違いも大きい。

　近年、「人生100年時代」と言われる中で、高齢期の捉え方に新たな視点が加わり、高齢期の学習にも新たな課題が提示されている[14]。第3期教育振興基本計画（計画期間：2018〜2022年度、文部科学省）においても、「生涯学び、活躍できる環境の整備」を基本的な方針の一つとして掲げ、「人生100年時代を見据えた生涯学習の推進」を教育政策の一目標としている。そこでは、これまで学習を通じて身に付けた知識・技能や経験を、仕事・家庭生活・地域活動等で生かしている人の割合を施策評価の測定指標としてあげている。「人生100年時代構

想会議」(2017（平成29）年9月設置）がまとめた『人づくり革命　基本構想』（内閣府、2018（平成30）年6月）では、「実際、高齢者の身体的年齢は若くなっており、知的能力も高く、65歳以上を一律に『高齢者』と見るのは、もはや現実的ではない」として、年齢による画一的な考え方を見直し、「全世代の人々が希望に応じて意欲・能力を活かして活躍できるエイジフリー社会を目指す」としている。そのために、「何歳になっても学び直し、職場復帰・転職が可能となるリカレント教育を抜本的に拡充」し、ＯＢやシニア人材の活用を視野に入れた人材育成を推進することを述べている。このように、今後は、リカレント教育の拡充とともに、高齢期における新たな職業的スキル習得のための教育訓練や、より長いスパンで人生を再設計しながら必要な学習を選択できる体制の整備も求められている。<sup>(15)</sup>また、加速する技術革新に適応していくことも、ますます求められる時代となっている。

　高齢期の身体的能力や健康状態は特に個人差が大きく、活躍できる年齢にも人によって差があることには留意すべきである。特に、後期高齢期（75歳以上）ではその差は大きくなる。日本人の平均寿命は男女共に80歳を超えている（2018（平成30）年で男性81. 25歳、女性87. 32歳、厚生労働省）が、健康寿命（健康上の問題がない状態で日常生活を送れる期間）は平均寿命より女性は約12年、男性は約9年短い。つまり、健康上の問題があって家事・仕事・外出など自立した日常生活ができない時間が平均で10年間ほどあるというのが現実である。また、認知症も2025（令和6）年には推計700万人を超える（厚生労働省）と言われている。これは、65歳以上の5人に1人の割合である。100年という時間があるとすれば、できるだけ心身ともに健康で長生きしたいとは誰もが願うことであろう。そのために学習活動ができることを考えたい。

　仕事を離れても、趣味の生活を楽しんだり、ボランティア活動に参加したり、地域学習に取り組む活動の中で仲間を広げ、生きがいややりがいを見いだすことは、以下で述べる通り重要である。

(2)　高齢学習者の特性

　高齢者も広い意味では成人であるので、社会的な経験が豊富であるなど前節で述べたこととの共通点もある。ここでは、特に高齢期に特有のことについて見ていきたい。

　高齢期には、次の三つの危機的課題がある。


①　心身の衰え

　健康で元気な高齢者もいるが、どんな人でも衰えは必ずやってくる。衰えの下降線の緩急は個人差があるとしても、体力や身体機能が衰えることから逃れることはできない。「今までできていたことがだんだんできなくなる」学習者である。知的能力は学習によって維持できる部分もあるが、総体的には衰えには抗えない。身体機能が衰えてくると、精神的にも自信をなくして消極的になるなどの影響がある。

②　人間関係の先細り―孤立と孤独

　退職によって、仕事上の人間関係から離れる。子どもが自立すれば親元を巣立っていく。親や先輩は先に亡くなる。友人も徐々に先立っていく。夫や妻も通常どちらかが先に亡くなる。高齢期は、それまでの人間関係が少しずつ失われ、孤独な状況におちいりやすい。

③　「自己有用感」とやりがいの喪失

　成人期（壮年期）は多くの社会的役割を担って忙しかったが、高齢期になると様々な役割から解放される。しかし、人は役割を果たすことによって世の中や他者の役に立ち、他人から認められ、生きがいややりがいを感じることができる。役割がないということは、必要とされないということであり、やりがいを実感する機会がないということである。

## 2．高齢者の集団学習と支援

　上記の三つの危機的課題を考えると、高齢者にとって学習集団は特別な価値がある。

　第1に、学習活動によって心身の機能を使う。心身の機能は、「廃用症候群」(16)が示しているように使わなければどんどん衰えてしまう。したがって、適度な負荷をかけ続けることが肝要である。学習活動をするために外に出かけ、歩き、人と話し、考え、気を遣う、という行動が、頭脳、心身によい刺激を与え続けることになる。

　第2に、集団学習を通して新たな人間関係が築かれる。地域に友人や仲間ができる。活動を続けることによって、人間関係のネットワークは広がる可能性を秘めている。

　そのためには、学習活動の場に参加するきっかけをつくることが重要である。声をかける、誘う、ということのほかに、協力を依頼する、というやり方もある。人から頼られること自体が嬉しいことも多い。また、夫婦で参加する企画も考えられる。他者と関わり続け、楽しく過ごす時間は、高齢期には特に大切である。

　第3に、地域課題に対処する学習活動やボランティア活動は、地域社会に貢献する活動であるため、社会的承認を得て、「自己有用感」ややりがいを実感することができる。また、集団の中で役割を果たせば、メンバーとして自身の存在価値を実感できる。そのため活動の過程で感謝の意を表明したり、ねぎらったりすることも重要である。

　高齢期の集団学習は、地域で仲間とともに元気に過ごすための処方箋とも言える。

　たとえ健康上の問題を抱えていたとしても、障がいがあっても、できる時にできることを行う、というボランティア活動や地域活動もある。超高齢社会では、元気だから活動するというだけでなく、活動することによって心身の元気

を維持できる（下降を緩やかにする）という発想で、多様で柔軟な参加の在り
方を模索することも大切であろう。


### 注

(1)　アメリカの精神分析家・発達心理学者（1902～1994年）。「心理・社会的危機」（葛
　　藤）という視点から、人生を八つの段階に分けて精神的発達を論じている。アイデン
　　ティティ（自己同一性）形成の過程を示している。

(2)　教育基本法（2006（平成18）年12月改正）第十二条（社会教育）で、「個人の要望や
　　社会の要請にこたえ、社会において行われる教育は、国及び地方公共団体によって奨
　　励されなければならない。」としている。（傍点、筆者）

(3)　生涯学習審議会答申『今後の社会の動向に対応した生涯学習の振興方策について』
　　（1992（平成4）年7月）で、「社会の急激な変化に対応し、人間性豊かな生活を営む
　　ために、人々が学習する必要のある課題」として「生命、健康、人権、豊かな人間性、
　　家庭・家族、消費者問題、地域の連帯、まちづくり、交通問題、高齢化社会、男女共
　　同参画型社会、科学技術、情報の活用、知的所有権、国際理解、国際貢献・開発援助、
　　人口・食糧、環境、資源・エネルギー等」をあげている。

(4)　アンドラゴジーという用語は、19世紀にドイツの教育家カップが使用しているが、ノ
　　ールズの理論によって成人教育を表す言葉として広がった。
　　Malcolm S. Knowles, '*The modern practice of adult education*': From pedagogy to
　　andragogy. Association Press, 1980.

(5)　ジャック・メジロー著、金澤睦・三輪建二監訳『おとなの学びと変容―変容的学習
　　とは何か』鳳書房、2012（平成24）年
　　Jack Mezirow, *Transformative Dimensions of Adult Learning*, San Francisco:
　　Jossey-Bass,1991.

(6)　伊藤真木子「ジェロゴジー（エルダーゴジー）」、『生涯学習研究 e 事典』日本生涯教
　　育学会、2006年11月2日更新
　　Jacques Lebel, *Beyond Andragogy to Gerogogy, Lifelong Learning*:The Adult
　　Years,1（9）, 1978.

(7)　P.トゥルニエ著、山村嘉己訳『老いの意味』ヨルダン社、1975（昭和50）年

(8)　考案した文化人類学者、川喜田二郎氏の頭文字をとって名づけた発想法。多量の情報

を集積、分類、統合していく集団学習の方法で、全員の発言を記録していくため、メンバーの参画度が高まり、共通理解が深まる。(川喜田著『発想法』中公新書、1967(昭和42)年)

(9) 中央教育審議会答申『次代を担う自立した青少年の育成に向けて―青少年の意欲を高め、心と体の相伴った成長を促す方策について』(2007(平成19)年1月30日)で、用語解説「青少年」の参考資料とされている。

(10) 働くことに悩みを抱えている若者に対し「身近に相談できる機関」として厚生労働省が2006(平成18)年より開始、NPO法人や株式会社等に委託して実施、2019(令和1)年時点で全都道府県175箇所に設置されている。専門家による相談、コミュニケーション訓練などによるステップアップ、協力企業への就労体験などにより、就労に向けた支援を行っている。

(11) 「生きる力」は、中央教育審議会答申『21世紀を展望した我が国の教育の在り方について』(1996(平成8)年7月19日)の中で初めて提言され、そこでは「変化の激しい社会」を生き抜いていくために、子どもたちに「自分で課題を見つけ、自ら学び、自ら考え、主体的に判断し、行動し、よりよく問題を解決する資質や能力」、「自らを律しつつ、他人とともに協調し、他人を思いやる心や感動する心など、豊かな人間性」、「たくましく生きるための健康や体力」をバランスよく育んでいくことが重要、とされた。その後、ゆとり教育への批判もあり、「確かな学力」、「豊かな人間性」、「健康・体力」のバランスのとれた力が「生きる力」とされた。学習指導要領でもその育成を課題としている。

(12) 文部科学省は、放課後や土曜日に学校の余裕教室、体育館、公民館等を活用し、地域住民等の協力を得て、学習支援、体験活動、交流活動等を行う取組を推進している。放課後子供教室は、小学校の特別教室等を活用して、子どもたちの安全・安心な居場所をつくり、読書や学習、スポーツ・文化活動等を展開している。2014(平成26)年からは、厚生労働省が所管する放課後児童クラブ(学童保育)と一体的に実施する「放課後子ども総合プラン」が推進され、2018(平成30)年には「新・放課後子ども総合プラン」が策定された。

(13) ある特定の学習について、身体の成熟、知識や興味、態度など、学習者に心身の条件が準備されている状態のことを言う。

(14) ロンドンビジネススクールの教授グラットン(Gratton, L.)は、著書『LIFE SHIFT: 100年時代の人生戦略』の中で、これから先進国に生まれてくる子どもの「過半数は、100年以上を生きる」と予想し、これまでのような、60～65歳で引退後「余生を楽しむ人生モデル」はもう役に立たないと指摘、長い人生を見通した生き方と人生

プランの必要を提起している。グラットンは、「人生100年時代構想会議」のメンバーでもある。

　　リンダ・グラットン、アンドリュー・スコット著、池田千秋訳『LIFE SHIFT: 100年時代の人生戦略』東洋経済新報社、2016（平成28）年

(15)　こうした動向の背景には、超高齢社会における社会保障費等の財政負担増大と生産年齢人口の縮小に伴う労働力不足という問題があることも認識しておくべきであろう。

(16)　介護・医療の現場で使われ始めた用語。長く寝たきりで過ごすと筋力が衰え、自分で歩けなくなってしまうというように、身体機能は使わなければ廃れるということ。

### 参考文献

• 浅井経子・合田隆史・原義彦・山本恒夫編著『地域をコーディネートする社会教育―新社会教育計画―』理想社、2015（平成27）年

## 第3章　参加型学習とファシリテーション

　近年、社会教育にとどまらず、学校教育等を含めた様々な学習の場において、参加型学習の手法を取り入れた学習への期待が集まっている。しかし一方で、参加型学習の学習形態や手法を用いることが目的となっているケースも多く見られ、必ずしも効果的な学習となっていないのではないかといった、学びの質を問うような問題指摘がなされることも少なくない。

　参加型学習を一口で説明することは難しいが、講義のような一方向的な知識伝達型の学習ではないという特徴と、その学習効果を高めるための支援者・促進者（以下、ファシリテーター（facilitator）とする）の役割に重きが置かれているという2点は、概ね共通理解がはかられているようだ。

　そこで、本章では、第1節において参加型学習の意義、第2節ではその形態や手法について、第3節で参加型学習にあけるファシリテーターの役割を解説することで、学習者の多様性に応じた学習支援の在り方について考えていく。さらに第4節おいて、具体的な参加型学習の学習プログラムを取り上げながら、学習者の力を引き出し、主体的な参加を促すファシリテーション（facilitation）の在り方について考察を深めていく。

### 第1節　参加型学習とその意義

#### 1．学習者の社会参加を促すための学習支援とその意義

　参加型学習の捉え方は、大きく二つに大別される。

　一つは生活改善や国際協力、まちづくりといった社会的・現代的な課題等の解決を目指し、主体的に課題に気付き、学び、実践へと社会参加できるようになるための学習を支援する方法である。実践を志向するこの学習活動では、グループメンバーそれぞれの経験から導き出される気付や意見、当事者ならで

はの情報、問題意識等といった、具体的で多様な情報が、専門的な知識以上に学習資源として価値を持つ。知らない誰かによって体系化された知識や情報ではなく、身近な学習仲間との交流・対話を通じた知識や情報は、課題解決への当事意識を形成し、主体的に取り組む意欲にもつながる。

　そのため参加型学習では、これら学習資源を率直に出し合い、時に教え合い、試行錯誤し、ビジョンや目標を共有する機会が重要となる。その際、互いの人権や多文化性等を尊重しあえる方法が目指され、実践しあえる場づくりも求められる。なお、こうした二者以上のグループメンバーの間で起こる相互作用を通じて、各人が新しい考え方を獲得したり、理解を深めたりする学習を相互学習と言う。

　戦後の社会教育振興の歴史を見ても、地域住民同士で学びあい、教えあう相互学習が重視されてきたことが分かる。特に、若者の自立や自己実現、生活改善を支えあう青年学級等においては、小グループでの活動が中心となっており、自主的な討議や実践を通じて自らの生活や職場環境、社会の充実・改善を目指す参加型学習が「共同学習」と呼ばれ、盛んに用いられた時期もあった。[(1)]

　また、環境、貧困、人権、平和、開発といった地球規模の社会的・現代的な課題を自らの問題として捉え、持続可能な方法によって、誰にとっても公正で持続可能な解決策を模索する「持続可能な開発のための教育（Education for Sustainable Development）」や、共生社会の開発の在り方を学ぶ「開発教育」での学習支援、あるいは、社会的困難を抱える当事者が研究グループの一員として科学的手法を用いた実態調査に参加し、その解決策を自ら提案し、有効性の検証・修正を継続的に行う「アクション・リサーチ（action research）」と呼ばれる研究手法なども、こうした社会参加を目指す参加型学習の捉え方と通底する部分が大きい。

　近年我が国では、過疎化や都市化の影響から希薄になっていく地域のつながりづくりや、度重なる災害からの復興や防災に関する意識の向上が、社会的課題

となっている。2013（平成25）年の中央教育審議会生涯学習分科会による「第
6期中央教育審議会生涯学習分科会における議論の整理」を見ても、「協働」[(2)]
（個人や社会の多様性を尊重し、それぞれの強みを活かして、ともに支え合い、
高め合い、社会に参画すること）するための学習活動が重視されていることが
分かる。

　こうした人と人との信頼関係や、お互いさまという互酬性を共有しあう人的
なネットワークは、「社会関係資本」（ソーシャル・キャピタル、Social Capital）
と呼ばれており、社会全体の安定性や発展可能性を高めるものとして、その醸
成が社会教育の使命の一つとなっている。個人だけでなく、市民としての意識
を高め、他の地域住民や関係者・関係団体と交流やつながりを持ち、必要な知
識・技術等を身に付け、その成果を社会参画や社会貢献の活動につなげていく
ような、実践志向の学習プログラムの開発・提供が、社会教育に強く期待され
るようになってきている。地域課題の情報提供とその理解促進にとどまること
なく、課題解決を目指して参画する市民としての意識形成や行動を促す方法と
して、参加型学習はますます評価されるようになっている。

## 2．学習参加への主体性を引き出すための学習支援とその意義

　参加型学習のもう一つの捉え方は、学習目標、内容等にかかわらず、学習者
が主体的、能動的に学習に参加し、表現しようとする姿勢を引き出す手法、形
態等を組み合わせて行なう学習支援としての捉え方だ。今日では「ワークショ
ップ（workshop）」という用語とほぼ同意の言葉として、用いられることも多い。
　「ワークショップ」は、もともと作業場や工房を意味する単語であることから
分かるように、芸術や実験を通じて、多様な人々と対話的に行うものづくり活
動という意味合いが強い。そこから派生し、音楽や演劇、ダンスのような身体
活動や、実践体験（社会体験や自然体験）等も活動として含まれるようになっ
ている。その使用範囲があまりにも多岐にわたるため、単に面白く、もの珍し

い体験をすることにばかりに終始する実践も多く、学習成果の質を等閑視した学習支援の方法と批判を受けることもある。[3]

　学習におけるワークショップの代表的な定義は、「講義など一方的な知識伝達のスタイルだけではなく，参加者が自ら参加・体験して共同で何かを学び合ったり作り出したりする学びと創造のスタイル[4]」とされ、自らの参加すること、集団での体験活動を取り入れていることという二つが、その特徴として強調されている。

　学習者自らが主体的に学習に参加することを促す方法という視点から言えば、近年、学校教育を中心に着目されている「アクティブ・ラーニング（active learning）」も、参加型学習、ワークショップと同じような用いられ方をしている用語の一つである。「アクティブ（active）」という単語から分かるように、受動的な講義のような方法ではなく、学習者が能動的に学習に参加しようとする姿勢を引き出す工夫がつくされた学習方法として、幅広く用いられるようになっている。

　アクティブ・ラーニングの代表的な方法としてあげられているものに、「Think-Pair-Share」と呼ばれるものがある。率直な意見交換や情報交流では、参加する人数が多ければ多いほど、発言が出にくかったり、当事者意識を持った発言がなされなかったりして、うまく進まないことが多い。こうした状況を改善し、参加者全員の率直な意見を円滑に交換する支援方法として、「Think-Pair-Share」は、①自分一人でじっくりと考えをまとめる（think）→②その結果を隣席の学習仲間と気軽に意見交換をして、自身の考えに自信を持ったり、他者の意見をふまえて考え直したりする機会を設ける（pair）→③ペアワークの成果をふまえて大人数で話し合う（share）、という三つの活動を積み重ねて意見交流を進める。

　実は、名前こそ付いてはいないが、こうした意見交換、協議の進め方は、従来の参加型学習でも頻繁に用いられてきた手法である。このように、アクティ

ブ・ラーニングも参加型学習も、学習の環境、参加人数や学習者の持つ多様性等に配慮しつつ、学習者の主体性を引き出し、学習仲間との対話を通じた相互学習をすすめる手法として共通している。

　もう一つの特徴である集団による体験活動の提供は、体験すること自体が目的化しやすく、注意が必要ではあるものの、学習への意欲や動機付け、学習課題に対する当事者意識、学習成果のイメージ等を強化するなど、学習者の主体性を引き出すのに効果が期待される。また、体験中の学習仲間や学習支援者との励まし合い、切磋琢磨といった相互作用が、規範意識や集団意識、自律性、コミュニケーション能力や自己肯定感、自己有用感といった学習成果をもたらしたり、次の学習への準備性を高めたりすることにもつながる。こうした効果の大きさから、参加型学習と体験学習とを合体させ「参加体験型学習」という表現が用いられることも多い。

## 第2節　参加型学習の形態・手法・学習プロセス

### 1．参加型学習の形態

　参加型学習は、参加という言葉が入っているために、人々が同じ時間・空間を共有する集合学習のうちの集団学習（グループワークを含む）という形態のみで行われる学習と誤解されがちだ。参加型学習での「参加」は、こうした物理的な参加ではない。学習者の社会参加を促すため、あるいは学習参加への主体性を引き出すために、学習活動の計画、実施、評価、改善といった学習プロセスに学習者自身が参加するという意味合いで用いられている。

　学習目標に合致していれば、個人学習（図書等の媒体を用いた自習、独学、通信教育、社会教育施設の個人利用）でも、集合学習の中の集会学習（講演会、展覧会、観覧会、鑑賞会等）でも、あらゆる学習形態が参加型学習では用いられる。「参加体験型学習は、『教わらないで自ら学ぶこと』の意義や可能性を感じさせてくれる方法」[(5)]だという指摘もあるように、「承り型」と称される一斉教

授・講義のみで進める学習形態と対極的な学習が、「参加型」である。多様な形態や手法をブレンドしながら進める学習タイプと言い換えることもできるだろう。

　特に参加型学習において、個人学習と集合学習という二つの学習形態を有機的につなぐことは重要である。多様な個々人の経験や情報、意見といった参加型学習で重視される学習資源は、個人学習の中で培われ，蓄積される場合も多く、それら個人学習の成果が豊かであればあるほど、その後の相互学習は深まりや、広がりが確保される。

　逆に、集合学習を個人学習へとつなぐことにも、重要な学習効果がある。集合学習での情報や意見の交換、自己と他者の比較等をすることによって、次の個人学習の課題整理や、学習目標や学習内容・方法のバランスを見直すこと、学習仲間からの刺激で学習成果の活用の場を開拓すること、より大きな学習目標に挑戦する意欲を高めたりすることなど、次の学習プロセスに新たな展開も期待できる。

　このような効果は学びに向かう姿勢や態度、学び方や成果活用法といった、生涯学習者としての自己教育の力を高めることにつながる。「メタ学習（学習の方法を習得する学習）」とも言われ、そこで培われるスキル「メタ認知能力」（自分が知識や考えを獲得している状態について考える力）は、近年、教育や社会活動の場だけでなく、企業等での商品開発や人材育成、経営改善の場など一生涯にわたる学習を続ける力として重視されはじめている[6]。

　社会教育、生涯学習では、複雑な社会的・現代的な課題解決のための、草の根的あるいはライフワーク的な学習に対する支援や、異なる文化的背景や価値を有する者同士が相互の理解を深め、認め合いあってつながりあうネットワークづくりなど、時間をかけ総合的に支援していかねばならない活動が多い。個人学習と相互学習という二つの学習を繰り返しながら、学習の質を高めるという参加型学習の形態は、特に有効な支援だと言えるだろう。

## 2．参加型学習の手法

　参加型学習の手法と言うと、グループでどんな体験活動をするのかというところに注目が集まりやすい。しかし、これまで述べてきたように、学習の目標、学習内容、人数、場所、時間等を勘案し、学習者が主体性を発揮しやすい方法、手法が十分検討されなくてはいけない。

　学習者間の相互作用を引き出す方法としては一般に、①聞くことを主とする方法、②話すことを主とする方法、③見ることを主とする方法、④実践することを主とする方法の四つの方法にまとめられることが多い。主な方法とその特徴、手法名の一覧をまとめたものが、**表3-1**である。

　紙幅の関係上すべてを詳細に説明することはできないが、様々な学習の場で用いられることの多い、①聞くことを主とする方法、②話すことを主とする方法の中から、大人数でも比較的容易に活用しやすい手法について、いくつか取り上げてみよう。

　聞くことを主とする方法の中で、大人数で一斉に進められる数少ない参加型学習の手法が、パネル・ディスカッションである。これは、パネリスト（パネラー）と呼ばれる異なる意見を持つ討論者（多くの場合3人以上）同士の公開討論会であり、終盤で聴衆（フロア）にも意見や質問を行う時間が設けられることが一般的である。パネリスト相互の討論が平行線に終わらぬよう、共通点や相違点を整理したり、論点をしぼって議論を深めたり、新たな問題提起を行ったりする、コーディネーター（coordinator）、モデレーター（moderator）が用意されることも多い。

　パネル・ディスカッションでは、討論者はお互いの立場や意図の違いがはっきりと提示され、具体的事例や調査データをもとにした情報提供が行われる。これら準備がしっかりなされた公開討論では、聴衆は自分の意見に近い討論者を見つけて共感しながら、内容を理解することができたり、あるいは、自らの考えとは対極的な討論者の意見を多角的な視点から再考することができたりと、相

## 表3-1　参加体験型学習の種類

| | 方法 | 特徴 | 手法名 |
|---|---|---|---|
| ①聞くことを主とする方法 | 問答法 | 学習者が話し合いや質疑応答を通じて、問題や学習課題に対しての意見、体験などを交換し合い、自らの考えを深めたり、話し合いの結果からその後の日常生活に生かす手がかりを得る方法。 | 「パネルディスカッション」、「ディベート」 |
| | 発表法 | 学習者による発表・報告によって事例への理解を深めたり、話し合いを深める手がかりとする方法。 | |
| ② 話すことを主とする方法 | 討議法 | 学習者間の話し合いによって、問題やテーマに関する意見交換、体験やその他の情報交換等を行うことによって、問題解決の方法を検討したり考えを深めたり、話し合いの結果を実行に移す契機とする方法。 | 「各種フォーラム」、「バズ・セッション」、「ブレイン・ストーミング」、「ラウンドテーブル・ディスカッション」、「ラベル・ワーク」 |
| ③ 見ることを主とする方法 | 観察・見学法 | 学習した内容を実地に適用して理論や仮説を明らかにする方法。 | 「観察」「調査」「フィールドワーク」「見学」 |
| | 記録法 | 記録、作文、描写などによって、学習した成果を表現する方法。 | |
| ④実践することを主とする方法 | 劇化法 | 学習内容に応じた場面を設定し、その中で学習者がある役割を持って演技をしたり、コミュニケーションのあり方についてトレーニング等を行うことにより、学習課題に迫る方法。 | 「ロールプレイング」、「アサーティブトレーニング」「シミュレーション」 |
| | 実習法 | 役割を与えられ、それを実施して成功したり失敗することで問題点や課題点を明らかにする学習方法。 | 「実習」、「実技」、「実験」、「飼育・栽培」 |
| | 構成法演奏法 | 文化芸術作品の創作活動や演奏によって自己表現を行う学習活動 | 「絵画」、「彫刻」、「楽器演奏」 |

国立教育政策研究所社会教育実践研究センター『学習プログラム立案の技術』・一部改編

互作用が促されやすい。こうした当事者意識を持って参加しやすい特徴が、パネル・ディスカッションと、講義・授業やその他討論会等との違いと言えよう。

　話すことを主とする方法は、参加型学習の手法の中では比較的種類が多く、少人数集団に分かれて対話を行いながら相互学習を進めるものである。

　最も代表的な手法の一つラベル・ワーク（label work）は、個人が持つ知識や経験、アイディア等の情報を1枚のラベルに一つずつ簡潔に書き出し、それらをグループ内で発表し、分類しながら体系化や構造化を行うもので、新しいアイディアを集めたり、問題の所在を探ったり、課題解決に向けて経験を寄せ合ったり、相互理解を促したりすることに役立つ手法である。

　ラベル・ワークを含め、話すことを主とする方法は、大きく二つのプロセス、「発散」と「収束」とで構成される。「発散」とは、話し合うテーマの共通理解をしっかりと行った後に、参加者の多様性を重視してそれぞれの思いを素直に、自由に取り上げ、その意見の背景となっている個人の体験や考え方を周囲に語ることである。「収束」とは、グループメンバーから出された情報やアイディア等を、共通性、関連性、優先性や時系列などの視点から体系化や構造化をはかり、まとめていくことである。

　また、同じく話すことを主とする方法に、バズ・セッション（buzz session）と呼ばれるものがある。1948年、アメリカのヒルスディル大学のフィリプス（Philips, D.）によって考案されたと言われている。「バズ（buzz）」とは蜂のブンブンという羽音、「セッション（session）」は少人数集団を意味し、少人数の自由な雰囲気の中で活発に話し合う様子が名称の由来になっている。「6・6討議法」と呼ばれることもあるように、基本的には6人という少人数で、6分という短時間で議論し、その後に全体でグループの代表者からグループ討議で出された内容が1分程度にまとめられ、全体で発表される。さらに、そうした情報を受け、もう一度全体協議が行われる。この2回のディスカッションは、ラベル・ワークと同じ構造を持っており、1回目は「発散」、2回目は「収束」の

役割を果たす。

　ラベル・ワークと少し異なるのは、バズ・セッションでは1回目の少人数討議において、他者の意見に熱心に耳を傾けることにより相互で学び合う学習の雰囲気を作り出すことが期待されている点である。自分の意見が他者に認められたり、同じような意見を持った仲間を見つけ出す体験を通じて、後半の全体討論での発言への抵抗感を緩和したり、仲間意識をつくりあげるなど、積極的に発言する姿勢を準備するという工夫がなされている。

　また、**表3-1**にはないが、最近新たに用いられるようになっている手法の一つが、ワールド・カフェ（world cafe）と呼ばれる手法である。1995年にブラウン（Brown, J.）とアイザック（Isaacs, D.）によって開発されたという比較的新しいこの対話による参加型学習の手法は、その名称通り、カフェのようなくつろいだ空間で気軽に発言しあえる雰囲気（ムード）づくりを重視する。飲み物や菓子の用意、おしゃれな家具や季節の花々等の飾りつけ等が、必ずしも必要なわけではない。肝心なのは、そこに参加している人々に、自分たちは学び合う仲間として尊重され、この場に歓迎されているのだということを伝えることである。

　活動自体はこれまでの二つの手法とそれほど変わらない。4～5人ずつテーブルに座って、テーブルクロスに見立てた模造紙に自分の意見や感想、アイディアなどを書き込みながら、意見を出し合う（1ラウンド20～30分）。カラフルなペンを使い、落書きのように自由に表現するよう呼びかけることで、場の雰囲気はより和やかとなる。1ラウンド終了後、各テーブルに1人のホストだけを残して、他のメンバーはそれぞれ別々のテーブルに移動する。2ラウンドの最初で、ホストは模造紙の記述を拾い上げながら1回目のラウンドでどのような話が出たかを報告した後、さらに対話を深め、これを2度3度繰り返す。最後のラウンドでは、全員が最初のテーブルに戻って、別のテーブルで得られた気付きやひらめきなどを交換しあい、全体でも共有する。

ラベル・ワーク、バズ・セッション、ワールド・カフェはいずれも、その手軽さもあって、頻繁に用いられる参加型学習の手法である。しかし、何か重要な事項を決定したり、普遍的な結論を導き出したりする手法としては、必ずしも適していない場合もあるので、留意する必要がある。なぜならば、「発散」のプロセスは、新しいグループでお互いを知り合うことや、多様なアイディアを自由に出し合うことに重きが置かれており、そこで出された情報は基本的に参加者の体験に基づく、偏りのある情報群である可能性がぬぐいきれないからである。最後のまとめで重要なのは、厳密で論理的な関係性や構造を表現しようとするのではなく、その時間に話し合った内容を簡潔に分かりやすく伝えることのできるイメージやストーリーとして表現することである。それは、今後進めて行きたい方向性（ビジョン）や取組の優先性、あるいは、実行に移していくためのポジティブな感情を共有していくことにもつながる。

## 3．参加型学習のプロセス

　参加型学習の基本的な流れとしては、①導入（学習目標の共有化と学習の場づくり）、②個人ワーク、③グループワーク、④シェアリング（学習の振り返り・学習成果の共有化）の4つのステップで進められるのが一般的である。③のグループワークの役割はこれまで述べてきたので、ここでは割愛する。

　［導入］

　講義などの一方的な知識伝達型の学習スタイルや、個人学習の形態に慣れた学習者にとっては、参加型学習の手法そのものに戸惑いを感じることが多い。それだけに、学習導入時の不安を和らげるために、学習活動（アクティビティ）のねらいやスケジュールの確認については、学習活動全体の見通しを含めて、その都度具体的に説明することが欠かせない。さらに重要なのは、参加型学習そのものや、参加のためのルールをしっかりと学習者が理解することである。こ

れについては、おおよそ以下の４点にまとめられるだろう。

ア．積極的に自分の持つ経験や情報、意見を出し合うこと
イ．他者の意見をやみくもに否定したり、軽んじたりしないこと
ウ．平等な発言の機会を全員に与えられるよう配慮すること
エ．プライバシーの保護や人権に配慮した言動をとること

　参加型学習においては、意見交流や討議といった学習仲間との双方向性を活用した学習手法が多く用いられるため、学習者どうしが発言しやすくなる学習の場づくりに努めなければならない。机やいすの配置の仕方や飲み物等の用意といったなごやかな会場設営について工夫したり、学習を開始する時点で自己紹介や簡単なゲーム、共同作業を通じて、お互いを知り、尊重しあえる関係づくりを行うアイスブレイク（アイスブレイキング、ice breaking）を用意したりすることも必要となる。

　［個人ワーク］
　個人ワークはグループワークのための下準備のように思われがちである。自らの経験や情報を書き出したり、まとめたりするなどの準備作業は、学習資源をより豊かにする作業として有効ではあるが、それだけではない。個人ワークは、「学習課題について自分自身の過去の経験や知識、感性と向き合い、まとめる作業であり、グループワークの中で『埋没しない』自分を作る作業[7]」でもある。多様な自立した個人が集まる集団でこそ、多角的な視点を持った相互学習の質は高まる。また、この後の「振り返り・共有化」においても個人学習は重要な意味を持つ。

［振り返り・共有化］

「振り返り」や「共有化」という言葉は、単に実施した活動内容のまとめを学習支援者が述べたり、あるいは学習者同士で感想を語り合ったりする時間だと誤解されることも多い。本来、「振り返り」は、「グループワークを通して自分自身の何がどう変容したかを見つめる」こと、すなわち、学習仲間との情報や意見の交換を通じて気付き、触発された個人の意識や価値が何なのかを、明らかにするプロセスだと言える。

また、「共有化」では、そうした成果をさらなる個人の成長や実践活動の発展へとつなげるための活動計画や、当初計画の修正案等を提案し、参画者を募ったり、プランの実効性を高めるために助言しあったりする。いずれも次の学習機会へとつなぐ上で欠かせないプロセスとなる。

## （第3節）ファシリテーターの役割と求められる資質・力量

### 1．ファシリテーターの役割

そもそもファシリテーターというタームは、1960年代にアメリカの教育学者ノールズ（Knowles, M.）が提唱した学習理論である「アンドラゴジー（andragogy）」に基づく教育者の呼び名として、広まったものである。

ファシリテーターは、その他の教育者と同様に、学習の計画、運営、評価、改善にわたる様々なプロセスに関与する。講師であれば、学習内容を体系的に整理し直し、学習者にとって魅力的で分かりやすい情報に加工して熱心に語りかけることが、また指導者であれば明確に方針や活動スケジュールを提示し、学習の様子を観察してアドバイスすることが、その中心的役割として認識される。それがファシリテーターの場合は、学習者が自らの学習プロセス全体に主導権を発揮し、責任を持ってかかわろうとする性質「自己主導性（self-directedness）」を活かした学習をデザインすること、になる。なお、学習者の自己主導性が尊重され、自発的・能動的に学ぶ学習スタイルを、ノールズは「自己主導型学習

（self-directed learning）」と名付け、講義中心の伝統的な学習スタイルである「教師主導型学習」と対比させながら学習理論を構築していった。

学習者を、「教えられる者」から「自ら学ぶ者」へと転換しようとするならば、教育者もまた、「教える者」から「学習者を支援する者」へとその立場を転換させなくてはならない。教えるという立場から学習を考えると、教育者は、自らが設定した学習目標を学習者がどの程度達成しているかを目安にしながら、学習を組み立てていくことになる。一方、学習を支えるという立場から学習を考えると、効果的な学習への参加意欲を高め、行動に方向付けるために、どのような「動機付け」を学習者に提供するかというアプローチをとることになる。

一般的に動機付けには二つの種類がある。その一つが「外発的動機付け」であり、賞罰、強制、義務といった外部からの働きかけによってもたらされる。もう一つは「内発的動機付け」であり、活動に対する好奇心や興味・関心によってもたらされる。「楽しいから勉強する」、「おもしろいから勉強する」といった自発性、主体性を持った学習へと、学習者を誘うことを指す。当然のことながら、「自己主導性」と馴染みやすい動機付けは内発的動機付けである。

ただし、より効果的な学習となるよう支援する上では、学習者の自己決定性を尊重しながら学習を促進するということと、学習者からの要望をすべて容認して学習を進めることとは、イコールの関係ではないという点に留意しなければならない。学習者が自己主導型の学習スタイルを望むからといって、必ずしもそれが適切な学習活動だとは言えないし、学習者が望まない学習スタイルであっても、効果的、効率的な学びのために勧めたほうがよい場合はよくある。こうした齟齬は、「自己主導性」は誰もが自然に身に付いているものではなく、徐々に成長するものであるということと深く関係している。参加型学習の効果を実感したり、大きな満足感を味わったり、他者から得た情報やアドバイスによって考え方や価値観が変わったりするような成功体験の蓄積が、その成長を支えることになる。

　また、たとえ「自己主導型学習」のスタイルに慣れた学習者であっても、常にその学習スタイルを発揮して学習したがるわけではない点にも注意が必要である。不慣れな内容や方法を取り扱う場面や、日頃とは異なる学習環境に置かれた場合等には、専門家や熟達者の指導を受ける「教師主導型学習」のスタイルを選択することも少なくない。また、そのほうが効果的、効率的な学習となる場合も多い。ファシリテーターに求められるのは、「自己主導型学習」で学ぶ手法を教えたり、常にそのスタイルで学ぶための支援をしたりすることではなく、学習者が「自己主導性」を発揮して自らに最適な学習方法、形態を選ぶことができるための支援だと言えよう。

## 2．ファシリテーターに求められる資質・力量

　ファシリテーターは参加型学習の計画から評価に至る様々な場面で支援を行っており、そのため求められる資質・能力も多岐に渡る。例えばグループワークの場面だけに絞っても、モチベーションを高めたり、良好な人間関係を構築し、保ち続けたりするなど、ファシリテーター自身の人間的な魅力と不可分な資質・能力をも、求められることとなる。そこでここでは、基礎的な知識や技能に限定し、ファシリテーターの資質・能力についてまとめてみた。それを取りまとめたものが**表3-2**である。[8]

　従来、ファシリテーターの資質・能力は"ファシリテーション力"などと称され、表内で言う「Ⅲ．学習展開の技能」の部分がどちらかと言えば注目されてきた。しかし、ここまで述べてきたとおり、参加型学習ではファシリテーターは学習活動の単なる当日の運営担当者だけではなく、学習者とともにより学習目標を到達できる学習方法を検討し、修正を加えながら進めていく学習計画者の役割も担っている。そのため、参加型学習の効果を鵜呑みにすることなく、常にこの方法を活用することの是非を慎重に見極められる資質、能力を習得しておくことが重要である。こうした力を支える基礎的な知識としては、参加型

表3-2　参加型学習におけるファシリテーターに求められる資質・能力

| I 参加型学習に関する基礎 | アンドラゴジーに基づく学習者についての理解力 |
| --- | --- |
| | 参加型学習の効果についての理解力 |
| | 参加型学習の手法について理解力 |
| II 学習プログラムに関する基礎 | 学習ニーズの把握力 |
| | 学習プログラムの開発力 |
| | 学習の評価についての理解力 |
| III 学習展開の技能 | 学習集団形成の手法についての理解力 |
| | 傾聴力・洞察力など非言語的なコミュニケーション力 |
| | プレゼンテーション力などの言語的なコミュニケーション力 |

学習という学習方法を支える基礎的理論やその効果について熟知しておく必要があるだろう（I. 参加型学習に関する基礎）。

　それに加え、学習展開の途中で学習プログラムを修正するためには、学習プログラム開発に関する知識や技能を高めておくことも不可欠である（II. 学習プログラムに関する基礎）。

　また、「III. 学習展開の技能」については、これらの資質・能力の多くが個人の内面的なパーソナリティに起因する部分が大きいことに、注意を払う必要があるだろう。こうした資質・能力は一朝一夕に伸ばすことは難しいものである。それだけに、参加型学習を促進するすべてのファシリテーターには、こうした技能的な部分だけでなく、この効果的な学習プログラムの開発方法や、学習者の成熟に関する知識など基礎的な知識に目を向け、各手法の適性について熟慮しながら用いることのできる力を培っていく必要がある。

## （第4節）ファシリテーションの技法

　最後に、参加型学習のファシリテーションの具体について解説していくこと

としよう。本節で事例として取り上げるのは、筆者が初期の段階から開発にかかわっていた広島県立生涯学習センターの「生涯学習振興・社会教育関係職員等研修（学習プログラム研修）」である。この研修は、県内市町村の生涯学習振興行政、社会教育行政の職員としており、「事業や講座等を実施している職員にとって、職務上必要な学習プログラムに関する企画・立案能力の向上を図る」ことをねらいとしている。受講終了後には、「学習プログラムに関する基礎知識を理解し、必要な手順を踏んで学習プログラムを実際に計画することができるようになる」ことを目標としており、参加型学習の手法を活用したプログラムとなっている。本節では、2日間にわたる同研修の1日目の研修計画に着目し、1．導入（個人ワークを含む）、2．グループワーク、3．振り返り・共有化の3場面に分け、ファシリテーションの具体的技法について見ていく。なお、**表3-3、4、5、6、7**として示した研修計画表の右端「支援の工夫」と書かれている欄に、ファシリテーションの具体がまとめられているので特に注目してもらいたい。

## 1．参加型学習の導入におけるファシリテーション

　この研修プログラムには事前学習が用意されており、ファシリテーションも事前学習の準備段階から始まっている。着目すべき支援の一つは、受講者が研修への参加動機や日々の業務での困りごとを振り返る事前アンケートが準備されている点である。この記入を通じて研修を受講する動機付けを支援すること、もう一つはこの回答が、学習ニーズの診断を行ったり、演習を行うグループの割り振りを考えたりするための資料として活用することの二つが企図されている。

　また、事前アンケートとは別に、予習コンテンツを提供している点もファシリテーションの一つとしてあげられる。ここで取り入れられている方法が、反転学習（反転授業）である。一般には、講義では知識を伝達し、授業後の個人

**表3-3 【導入】生涯学習振興・社会教育関係職員等研修【学習プログラム研修】研修計画**

| ねらい | 事業や講座等を実施している職員にとって、職務上必要な学習プログラムに関する企画・立案能力の向上を図る。 |
| --- | --- |
| 目標 | 学習プログラムに関する基礎知識を理解し、必要な手順を踏んで学習プログラムを実際に計画することができるようになる。 |

| 回 | 時刻 | 分 | 形態 | 学習活動の内容 | 目標（○）準備作業の留意点（※） | 支援の工夫 |
| --- | --- | --- | --- | --- | --- | --- |
| 事前 | | | 個人 | ・日頃の課題意識や研修に対する期待等に関する事前アンケートを記入し、センターへ送付する。<br>・センターwebページで予習課題教材を視聴するとともに、事前課題①を作成。 | ※受講者が自らの困りごと、課題について自覚する機会を促すことで、研修参加の動機付けを高めることができるよう、工夫したアンケートを作成する。<br>※反転学習用の予習コンテンツと、事前課題①を用意する。<br>　なるべく気軽に短時間で理解できるよう工夫する。<br>　5分程度の音声付き静止画コンテンツ4種<br>①学習プログラムの基礎用語<br>②学習プログラム作成の手順<br>③演習（グループワーク）の事例<br>④事前課題（学習ニーズの洗い出し）の準備の仕方 | ・職務命令だけでなく、受講生自身が研修の必要性を認識できる工夫をする（内発的動機づけ）。たとえば、過去の受講生の事後アンケートから、この研修が職場で役に立った具体的場面についての記述を抜粋し、チラシに掲載するなど。<br><br>・事前学習は、手軽にできることを強調して紹介する。 |

【受講生の当日持参物】事前課題①
【各グループへ配付物】アイスブレイク用シート、事前学習のとりまとめ作業用シート、グループで作成する学習プログラム案のシート
【配付資料】受講の手引き（全タイムスケジュール、諸注意等）、名簿、講義資料、振り返りアンケート

広島県立生涯学習センターより

学習（宿題）でその復習を行い、学んだ知識の定着を促す。しかし反転学習では、そのプロセスを文字通り「反転」させ、デジタル教材等を活用して事前に知識の習得を済ませておき、集合学習の場ではその知識をもとに、応用問題を解いたり、ディスカッションやワークショップ等の演習を行ったりすることを通じて、知識を活用する力、実践的スキルの習得を目指している。

　こうした反転学習の手法は、時間的、空間的な制約を受けやすい集合学習の機会を、できるだけ相互作用を伴う学習活動に費やすことができるための工夫としても注目されている。この学習プログラム研修も、もともとは3日間の連続講座として開講されていたが、非常勤職員として働く者も多い社会教育の施設では、同じ職員が3日間研修を受けるためのスケジュール調整が難しい実態もあって、時間を短縮し、この方法を採用することとなった。

　事前学習のデジタル教材と言っても、パワーポイント資料に音声データを載せたものであり、広島県立生涯学習センターのwebページから簡単に閲覧ができるようになっている。一つのコンテンツは長くても5分程度に収まるよう工夫がなされており、職場や自宅などで気軽に見ることができるようにもなっている。当日持参物の中に、このデジタルコンテンツを視聴しながら簡単に作成することができる、ディスカッションのための準備シート（事前課題①）を付け加え、予習をし忘れることを防いでもいる。

　三つめの支援技法として取り上げたいのが、オリエンテーションの場面である。冒頭の35分を使って、研修全体のねらいを確認するとともに、参加型学習を進めるうえでのルール説明、アイスブレイクの活動を行うことで、学習参加への不安を軽減できるよう配慮されている。

　参加型学習を進めるうえでのルール説明について説明したスライドが、**図3-1**である。「この研修で大切にしたいこと」として、ここでは五つの活動を意識的に実践するよう呼びかけるかたちとなっている。先述した四つの参加型学習の効果やそのルールの説明だけでなく、日々の業務を客観的に振り返る機

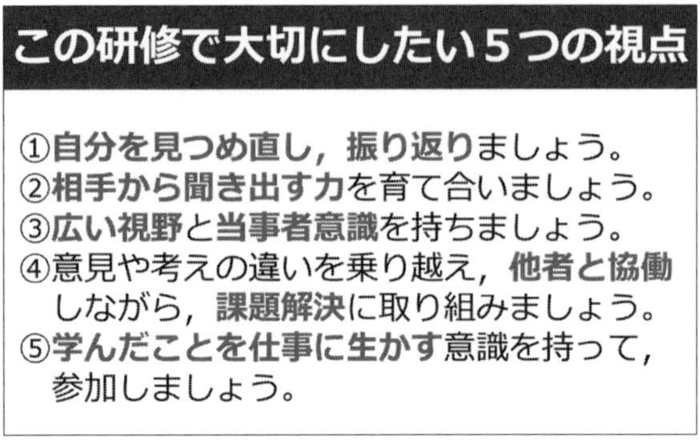

## この研修で大切にしたい５つの視点

①自分を見つめ直し，振り返りましょう。
②相手から聞き出す力を育て合いましょう。
③広い視野と当事者意識を持ちましょう。
④意見や考えの違いを乗り越え，他者と協働
　しながら，課題解決に取り組みましょう。
⑤学んだことを仕事に生かす意識を持って，
　参加しましょう。

図3-1　「この研修で大切にしたいこと」のスライド
広島県立生涯学習センターより

表3-4

| 1 | 9:30〜10:10 | 40 | 集団 | 【開講式】（5分）<br><br>【オリエンテーション】（35分）<br>・日程説明<br>・講師の紹介<br>・アイスブレイク<br>1．共通点探しゲーム<br>2．研修の自己目標の確認<br>3．参加型学習のルール説明 | ○研修のねらいや概要、特徴を理解する。<br><br>○共通点探しゲームを通じて、自己紹介や実践交流等をおこない、お互いを知り合い、共に研修を作ろうとする意欲を持つ。<br><br>○自身の研修参加動機を確認することにより、研修の目標を持つ。 | ・アンケートで集めた受講者の希望（作成してみたい学習プログラムテーマ）、市町や経験年数、担当事業等のバランスに配慮して、1グループ4名〜6名程度となるよう、事前に組んでおく。<br>・全体スケジュール、参加型学習を用いる理由、アイスブレイクの必要性など、慣れない環境に受講生が戸惑わないよう、丁寧に説明し、質問を受け付ける。 |

広島県立生涯学習センターより

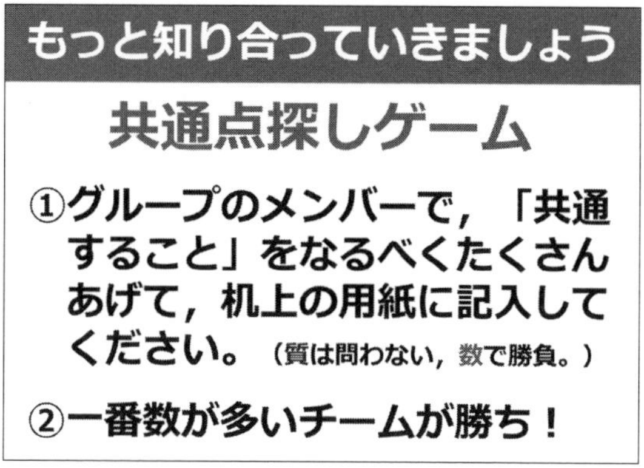

**図3-2　アイスブレイクのルール説明のスライド**
広島県立生涯学習センターより

会とすることや、職務にすぐに生かせる実践的なスキルを磨く機会とすることなど、学習の動機付けについても意識されている点が、特徴的と言えよう。

　**図3-2**は、アイスブレイクについて説明したスライドである。これからグループワークを行っていくことになる見知らぬ者どうしが、早く打ち解けあうことができる活動として、ここでは「共通点探しゲーム」が採用されている。

　ルールはそれほど複雑なものではない。グループメンバー全員に共通する点を見つけ、制限時間内に一番たくさんの共通点を見つけられたチームが勝ちというゲームである。ヒントとして「質は問わない、数で勝負」と書かれているように、誕生月や好きな季節、外国に行ったことがある、○○を見に行ったことがあるなど、様々な話題を思いついたチームが勝ちとなるので、話が弾みやすい。また自己紹介の代わりにもなるため、こうした場面のアイスブレイクには向いていると言えよう。

## 2．グループワークにおけるファシリテーション
　**表3-5**に示されているように、「講義1」において事前課題についての復習

のためのミニ講義を終えた後、グループワーク１に入る。

　グループワークのファシリテーションの基本でもあるが、全員に進行係や発表係、タイムキーパーなど何らかの役割分担を行い、メンバーとしての意識をもってワークに携わるよう工夫がなされている。

　また、学習プログラムの作成を行ったことがない職員のための研修であることや、初めて顔を合わすメンバーであること、参加者の年代がバラバラであることなどを考え、各グループに１名ずつワークを見守るファリシテーターを、講師や全体進行役とは別に配置している点も注目してほしい。こうした参加者と近い距離でファシリテーションを行うことは、メリットとデメリットが存在する。メリットは、いわゆるティーチング・アシスタントのように、講師と受講者との中間的な立場で、講義等では分からなかった疑問についてきめ細やかに対応することができたり、臨機応変にアドバイスや励まし、場の空気を盛り上げるなどの支援を行ったりすることができる。しかし、デメリットとしては、講師との連携がうまくいかないと、研修全体の統一がはかりにくくなる。そのため、昼休憩の時間を使い、講師、全体進行役、各グループのファシリテーターとの間で、進捗状況や意見交換、支援の相談をする時間を設けている。

表３-５　【グループワーク】生涯学習振興・社会教育関係職員等研修【学習プログラム研修】研修計画　その１

| 回 | 時刻 | 分 | 形態 | 学習活動の内容 | 目標(○)準備作業の留意点(※) | 支援の工夫 |
|---|---|---|---|---|---|---|
| | 10:10<br>〜<br>12:00 | 10 | 集合 | 【講義１】「学習プログラム開発の理論と手法」<br>・学習プログラムの構造、プロセス（予習の振り返り）<br>・学習ニーズの診断と活用 | ○学習プログラムを作成する手順を理解する。<br><br>○学習ニーズに関する情報収集の方法と、それらには要求課題と必要課題との違いがあり、それをバランス良く考慮して学習プログラムを作る必要があることを理解する。 | ・事前学習の繰り返しだと感じないよう、解説を工夫する。 |

| 1 | | | 集団 | 25 | 【グループワーク1】<br>「学習プログラム開発の実際part1」<br>・学習プログラム案を作成する。<br>・事前課題の成果をグループ内で共有し、集約する。<br>・情報を分析し、そこから適切な提案をおこなう。<br>①地域課題の設定 | ○学習ニーズには多様なものがあることを知るとともに、それらが要求課題なのか、必要課題なのかを区別して捉えることができる。<br>○グループ内で集めた学習ニーズをもとに、地域課題について分析することができる。 | ・講師や進行係以外に、グループごとに、支援者を配置する。<br>・グループ内での役割（記録者、発言を促す者、タイムキーパー、発表者等）分担をしてから作業を始める。<br>・参加型学習のルールが各グループで守られているか留意し、必要な場合には助言を行う。 |
| | | | | 35 | ②学習目的の設定 | ○学習目的と学習目標の違いについて区別して捉えることができる。<br>○地域課題の解決を目指すためにふさわしい学習目的を設定することができる。 | ・同じ境遇で働く者どうしであることを強調し、業務内での疑問、困難さ、課題などの気づきを積極的に発言するよう促す。 |
| | | | | 40 | ③学習目標の設定 | ○学習目的と学習目標の違いについて区別して捉えることができる。<br>○学習目的の達成につながるステップとなるような、具体的な学習目標の設定をすること（評価づくり）ができる。 | ・失敗事例ばかり、あるいは成功事例ばかりに偏らぬよう、必要な場合には助言を行う。 |

84

| 12:00 ～ 13:00 | | 昼休憩 | | | ・講師、全体進行係、各グループの支援者間でワークの進捗状況を共有し、対応が必要な場合は協議する。 |

広島県立生涯学習センターより筆者作成

## 表3-6 その2

| 時間 | 分 | 形態 | 内容 | ねらい | 支援上の留意点 |
|---|---|---|---|---|---|
| 13:00 ～ 14:20 | 20 | 集合 | 【講義2】「学習プログラム開発のポイント」<br>・「学習プログラム開発のポイント」の解説<br>・評価に関する基礎知識<br>・生涯学習における学習成果活用の重要性 | ○学習目標を達成するために適切な、安心安全な学習活動を計画するにあたって考慮すべきポイントについて理解する。(対象者・定員数、場所・時間、プログラム名、準備物、安全対策等)<br>○学習目標にあった評価方法や、学習後の成果活用の場を想定ながら学習計画を行う必要性について理解する。 | ・午前中のグループワークが完了していないグループがある場合には、焦らぬようこの後作業する時間は十分あるということを伝える。 |
| | 60 | 集団 | 【グループワーク2】「学習プログラム開発の実際 part2」④学習内容・評価活動の設定<br><br>※発表準備 | ○学習内容や評価には多様なものがあることを理解する。<br><br>○職場等で経験してきた学習活動を参考にし、今回設定した学習目標を達成するために適した内容、方法、評価の指標、運営上の工夫等を提案したり、他者からの提案内容について適切さを判断したりすることができる。 | ・グループワーク1と同様の支援<br><br>・作業が遅れがちのグループには、決定することよりも、情報提供しながら協議し合うプロセスの方が大切だということを説明し、途中経過の発表になってもよいことを伝える。<br>・代表者のみが発 |

| | | | | | |
|---|---|---|---|---|---|
| | | | | | 表するのではなく、すべてのメンバーが一度は必ず発表する方式をとることを伝え、当事者意識をもって準備するよう助言する。 |
| 14:20<br>～<br>14:30 | 休憩 | | | ※作業が終わった学習プログラム案（個別事業計画）のシートを全グループ分回収し、グループ人数分コピーする。（本時の成果物を受講者が持ち帰ることができるようにするため） | |

広島県立生涯学習センターより筆者作成

　特に全体の進捗状況に差が開くと、作業が遅れているのではないかという焦りから、「グループシンク（集団浅慮、groupthink）[10]」に陥ってしまうグループが出てくるため、注意が必要である。これは、グループの意思決定において、早急に合意形成を図ろうとするあまり、集団において物事を多様な視点から批判的に評価する機能が欠落する傾向のことである 。グループワークは相互に刺激し合い、理解し合い、学び合うといった正の集団力学ばかりがクローズアップされがちだが、こうした負の集団力学によって学習が形骸化するリスクも大きい。それを避けるためにも、ファリシテーターの支援が不可欠となる。学習プログラム案を完成させることだけが目的ではなく、グループワークを通じて、お互いの実践や情報を聞くこと、さらにその背景にある事情や思いを知ろうとすること、あるいは、多様な人々との相互理解を深める対話の楽しさについて体感することが大切であることなどを説明し、協働的な風土のなかで焦らずに作業が進められるよう支援する必要がある。こうした小集団内の学びの土壌が、参加型学習の成否に深く関与すると言ってよいだろう。

## 3．振り返り・共有化におけるファシリテーション

　振り返りは、「省察」や「内省」と省みるという言葉が使われるため、個人で行うものと思われがちだ。一人で振り返りは行うこともできるが、学んだ経験を多様な観点から捉え直し、そこから新しい気付きや改善点を十分得るためには、自らの成果を他者に伝え、それを聞いた他者からの評価や意見を返してもらう、いわゆる「フィードバック（feed back）」のプロセスが有効である。**表3-7**にあるように、この研修でも、最後のフレーズとして、学習者自らが学習の成果を発表すること、さらに、それを聴いたより多くの学習仲間からフィードバックを受ける場面を用意している。

　全員が発表しようとすると発表時間が長くなりすぎたり、個別で行おうとすると内容の重複が出てしまったりして、どのように成果発表の機会を設けるかは難しい。さらに、プレゼンテーションには個人によって得手不得手があり、大人数の前で発表することが難しい受講者もいる。そこで、ここでは、ワールド・カフェの手法をアレンジし、少人数での発表方法をとっている。

表3-7 【振り返り・共有化】生涯学習振興・社会教育関係職員等研修【学習プログラム研修】研修計画

| 回 | 時刻 | 分 | 形態 | 学習活動の内容 | 目標（○）準備作業の留意点（※） | 支援の工夫 |
|---|---|---|---|---|---|---|
| | 14：30<br>〜<br>16：10<br>（100分）<br><br>70<br>〜<br>80 | | <br><br><br><br><br><br><br><br>集団 | 【発表と相互評価】<br>・発表・相互評価の手順の説明<br>（5分）<br>・各グループで作成した学習プログラム案（個別事業計画）の概要を発表し、「学習プログラム開発のポイ | ○「学習プログラム開発のポイント」（12項目）を参考にし、学習プログラムの問題点や改善点を発見することができるようになる。<br><br>○褒め合うのではなく、改善が必要だと感じる点を建設的な意見としてアドバイスできるようになる。 | ・質疑応答や改善提案等が出にくい場合などには、支援者が率先してそれを行う。どんな質問・コメントをしたら良いのかを、例示する役割であることを自覚し、行動する。 |

| | | | | | |
|---|---|---|---|---|---|
| 1 | | | | ント」（12項目）を参考にして、相互評価を行う。・発表　約7分・質疑応答　約7分（付箋に、良い点や改善提案等の気付きを記入）・移動　約1分 | | ・発表者が緊張している場合などは大きくうなずいたり、拍手をするなどし、その場の雰囲気を和ませる。 |
| | 20〜30 | 集合 | 【講義3】・グループごとの講評・テーマ別にみた学習プログラム作成のポイント・リデザインのポイント等 | ○各プログラムのテーマごとに、よりよいプログラムを計画するためのポイント、気を付けるべき点を学ぶ。○学習プログラムの改善のポイントについて理解する。 | ・発表内容、付箋に書かれた内容を持ち帰ることができるよう、ワークシートの写真を撮影し、後日データを送る。・褒めることが大切ではあるが、改善に向けた意欲がわくよう、もっと良くなる方法を具体的にアドバイスする。 |
| | 16:10〜16:25 | 15 | 集団 | 【グループワーク3】振り返りと学習成果の共有・自分が発表を担当した際に出た質問や意見、付箋に書かれたコメントをグループ内で共有する。・学んだこと、気 | ○自分の気づきだけなく、グループメンバーの気づきとを関連づけて考えられるようになる。○プログラムを作成するだけでなく、練り直す（リデザイン）作業が大切であることに気付く。 | ・終了時間に間に合うよう配慮する。 |

| | | | | | |
|---|---|---|---|---|---|
| | | | 付いたことの振り返りとシェアリングを行い、自らの学習成果を明らかにする。 | | |
| 1625～16:30 | 5 | 集合 | 【まとめ】<br>・本研修を活かしたＯＪＴへの取り組み方についてのアドバイス<br>・第二回研修受講予定者への事前学習の解説<br>・振り返りアンケートの記入 | ○研修後に職場でこれから取り組むＯＪＴの方法等を知り、学習プログラムに関する企画・立案能力の向上に向けた意欲を高める。 | ・日々の業務と研修内容との関連性を意識し、今後のＯＪＴ（個人学習）への取り組み方について具体的にアドバイスする。 |

広島県立生涯学習センター

　具体的な動きを、ここでは４人グループが四つ（Ａ班、Ｂ班、Ｃ班、Ｄ班）ある状況のもとでのＤ班の各メンバー（$a$さん、$\beta$さん、$\gamma$さん、$\delta$さん）の動きとして説明したものが、**表3-8**である。[11]

### 表3-8　発表・相互評価のスケジュール

| | $a$さん | $\beta$さん | $\gamma$さん | $\delta$さん |
|---|---|---|---|---|
| 第1発表（14分） | 発表担当者 | A班の発表参加 | B班の発表参加 | C班の発表参加 |
| ↓ 移動（1分） | | | | |
| 第2発表（14分） | C班の発表参加 | 発表担当者 | A班の発表参加 | B班の発表参加 |
| ↓ 移動（1分） | | | | |
| 第3発表（14分） | B班の発表参加 | C班の発表参加 | 発表担当者 | A班の発表参加 |
| ↓ 移動（1分） | | | | |
| 第4発表（14分） | A班の発表参加 | B班の発表参加 | C班の発表参加 | 発表担当者 |

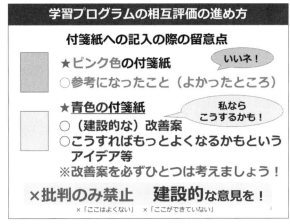

**図3-3　相互評価の仕方についてのスライド**
広島県立生涯学習センターより

　発表時間7分、質疑応答7分、テーブル間の移動1分の合計15分間を1回の発表とし、4回まで繰り返す。第1発表では α さんが自分たちのテーブルに残って発表を行い、残りの3名は別の班にそれぞれ行って発表を聞き、質問をし、最後に**図3-3**のように評価コメントをラベルに書き残して移動をする。次の第2発表では、今度は β さんが自分たちのテーブルに戻って発表を行い、α さんを含む他の3名は別の班の聞き役に回り、第1発表と同じ作業を行うというものだ。こうすることで、すべてのメンバーが気軽に質疑応答ができる少人数の中で発表を担当し、意見交換やアドバイス等のフィードバックを直接もらう体験ができるよう工夫が施されている。

　各グループのファシリテーターも聞き役として回る。しかし、すぐには質問が出にくいことも多いので、そういった場合には口火を切る役割をすることも大切である。こうした場面は、発表者の意図や想い、本音を聞き出せるような発問の仕方を伝えることのできる重要な機会でもある。最後に、各回で集まったフィードバックが書かれたラベルを全員で整理しながら改善点を見つけ出す。

その後、各個人から、研修全体を通した振り返りを発表して、1日目のプログラムは終了となる。

　ここまで具体的な研修プログラム計画にそって様々なファシリテーションの技法についての例を述べてきた。当事者意識を持って取り組むための支援、対話的な活動を推進するための支援、新しい気付きや改善点を発見するための支援など、様々な形のファシリテーションがあり、そのバリエーションは学習者の状況、テーマなどによってさらに広がる。場面ごとに柔軟に対応し、学習者の力を引き出し、主体的な参加を促すことができるファシリテーションは、一人一人の教育者が経験を重ねる中で培う専門的スキルだと言えるだろう。

### 注

(1)　田中治彦『国際協力と開発教育　援助の近未来を探る』明石書店, 2008年, 162〜165頁。

(2)　文部科学省 web ページ中央教育審議会生涯学習分科会「第6期中央教育審議会生涯学習分科会における議論の整理」、http://www.mext.go.jp/component/b_menu/shingi/toushin/__icsFiles/afieldfile/2013/02/19/1330338_1_1.pdf（2019年6月確認）

(3)　上田信行・中原淳『プレイフル・ラーニング』三省堂、2013（平成25）年, 13頁。

(4)　中野民夫『ワークショップ—新しい学びと創造の場—』岩波書店、2001（平成13）年, 11頁。

(5)　佐々木英和「参加体験型学習の効果的な活用のための着眼点」国立教育政策研究所社会教育実践研究センター編『参加体験型学習に関する調査研究報告書』、2007（平成19）年, 32頁。

(6)　三宮真智子「メタ認知」海保博之・松原望監修『感情と思考の科学事典』朝倉書店、2010（平成22）年, 328〜329頁。

(7)　清國祐二「参加体験学習の効果的な活用と学習プログラム」、国立教育政策研究所社会教育実践研究センター編『参加体験型学習ハンドブック』、2009（平成21）年, 16頁。

(8)　清國祐二「参加体験学習の研究セミナーの評価」、国立教育政策研究所社会教育実践

研究センター編『前掲書』、2007（平成19）年、12〜13頁。を参考に筆者作成。

(9)　広島県立生涯学習センターwebページ「生涯学習振興・社会教育関係職員等研修【基礎研修・学習プログラム研修】」https://www.pref.hiroshima.lg.jp/site/center/center-model-syokuinkensyuu-kisokensyu-gakusyupuroguramukensyu.html（2019年6月確認）なお、文中の**表3-3,4,5,6,7**の計画、**図3-1,2**については、広島県立生涯学習センターから資料提供を受け、一部図表を見やすいように加工し、転載した。資料提供、修正の協力に感謝する。

(10)　今野裕之「会議と意思決定」、海保博之・松原望監修海保博之・松原望監修『感情と思考の科学事典』朝倉書店、2010（平成22）年、397頁。

(11)　筆者作成。

## 参考文献

- 国立教育政策研究所社会教育実践研究センター編『生涯学習支援論 ハンドブック』、2020（令和2）年
- 香取一昭・大川恒『ワールド・カフェをやろう‐新版会話がつながり、世界がつながる』日本経済新聞出版社、2017（平成29）年
- マルカムSノールズ著（渡邊洋子監訳）『学習者と教育者のための自己主導型学習ガイド―ともに創る学習のすすめ―』明石書店、2011（平成23）年
- 国立教育政策研究所社会教育実践研究センター編『参加体験型学習ハンドブック』、2009（平成11）年
- 池田秀男・三浦清一郎・山本恒夫・浅井経子『成人教育の理解』実務教育出版、1987（昭和62）年

## 第4章　学習プログラムの編成と評価

### (第1節) 学習プログラムの編成

#### 1．学習プログラム編成の目的

　ここで言う学習プログラムとは、学級講座等の全過程についての計画のことで、主に学習支援者や学習機会提供者が中心となって編成するものである。一定様式にまとめた予定表そのものを指すこともある。[(1)] ただし、編成する者は必ずしも学習支援側とは限らず、学習者が自ら編成する場合もある。学習プログラムを編成する目的は、学級講座等で取り上げるべき内容やその配列、教材や指導者等の組合わせを検討し決定することで、より効果的な学習機会をつくるところにある。それを予定表として学習者に示すことは、学習希望者への広報として学習内容等の情報が示されることにより、学習希望者が学習機会等を選択する手がかりとなる。また、学習者（参加者）に対して学習計画の詳細が示されることにより、学習者が学習を進める際の手助けとなる。さらに、学習支援者や学習機会提供者にとっては指導者や教材・教具等の詳細が示されることにより、運営（実施後の評価等も含む）する際の手引きとなる。[(2)]

#### 2．学習プログラムを構成する要素

　学習プログラムを構成する要素には様々なものがあるが、一般的には**表4-1**の①～⑬の各項目があげられる。なお、表では各項目の説明もまとめられている。

　表中の「⑩プログラムの展開」について補足すると、この項目には展開の仕方に応じてア～キの下位項目が設けられるものの、下位プログラムとしての展開プログラムが別途設けられる場合はもう少し簡略化されることもある。また、

「⑫経費」や「⑬広報」は個別の学習プログラムの中では省略され、他の学習プログラムなど類似の事業（プロジェクトなどと呼ばれることもある）と一括で扱われる場合もある。

**表4-1　学習プログラムを構成する要素およびその説明**

| No. | 要素名 | 説明 |
|---|---|---|
| ① | 事業名 | ・学習プログラムのタイトルで、学習講座の場合はその名称にもなる。いわゆる施策名的な名称が避けられるとともに、内容や対象が分かるような名称となる。 |
| ② | 事業の目的（趣旨） | ・事業の実施主体として「何のために事業を開設するのか」が簡潔に表されるが、場合によっては事業を実施する背景、理由も含めて述べられることもある。 |
| ③ | 実施主体 | ・連携・ネットワークによる効果的な事業展開がなされる場合もあることから、主催のみならず、共催、後援、主管等もあわせて挙げられることもある。 |
| ④ | 対象者 | ・「②事業の目的（趣旨）」や「⑨学習の目標（ねらい）」に即して、(1)属性（性別、年齢等）、(2) 生活者としての立場（趣味・同好者、親、勤労者、地域住民等）、(3) 学習の経験度（未経験、初・中・上級等）などの観点から適切な対象が設けられる。 |
| ⑤ | 定員 | ・「⑫経費」を考慮して学習集団の規模が決められるが、あわせて「ウ.学習の内容」や「エ. 学習の方法・形態」の特徴に即して検討されることもある。 |
| ⑥ | 学習期間 | ・「②事業の目的（趣旨）」や「⑨学習の目標（ねらい）」から適切な期間が設けられるが、その他「⑫経費」に加え、地域特性や学習者の生活実態も考慮される。 |
| ⑦ | 学習時間（回数） | ・「⑥学習期間」と同様であるが、その他、「イ. 学習テーマ」「ウ. 学習の内容」や「オ. 学習支援者」（特に講師の日程上の都合）、学習者の参加のための許容条件との関連も考慮される。 |
| ⑧ | 学習場所 | ・「⑥学習期間」と同様であるが、その他、「ウ. 学習の内容」や「エ.学習の方法・形態」との関連を考慮の上、決定される。 |

| ⑨ | 学習の目標（ねらい） | ・対象者である学習者の要求課題や必要課題を検討の上、設定される。<br>・「②事業の目的（趣旨）」が事業実施主体としてのものであるのに対し、こちらは学習者の最終達成目標として、学習によって到達されるべき状態が示されることから、学習者を主体とした表記となる。 | |
|---|---|---|---|
| ⑩ | プログラムの展開 | ・「⑦学習時間（回数）」で設けた回数に即して、各回（コマ）における「ア．日時」「イ．学習テーマ」「ウ．学習の内容」「エ．学習の方法・形態」「オ．学習支援者」「カ．教材・教具（学習用資料、備品も含む）」「キ．備考」の具体的な内容が設けられる。 | |
| | | ア | 日時 | ・「⑥学習期間」と同様であるが、特に、学習者の生活実態や「オ．学習支援者」（特に講師の日程上の都合）との関連で決定される。<br>・複数の回（コマ）がある場合は、「ウ．学習の内容」に応じたインターバルを検討の上、適切な間隔で設けられる。 |
| | | イ | 学習テーマ | ・「⑨学習の目標（ねらい）」との一貫性を考慮の上、当該の回（コマ）で何を学習するのか、学習者にとって分かりやすく親しみの持てる表現で設けられる。 |
| | | ウ | 学習の内容 | ・「⑨学習の目標（ねらい）」や「イ．学習テーマ」と一貫性を持たせ、学習者が何について学習するのかが分かるような表記となる。 |
| | | エ | 学習の方法・形態 | ・学習者がどのような方法で学習するのかが分かるような表記で、「ウ．学習の内容」を効果的に理解できるような適切な方法・形態が設けられる。<br>・対象者である学習者の特徴を考慮の上、適切な方法・形態が選択される。 |
| | | オ | 学習支援者 | ・学習者のレベルに対応させるとともに、「エ．学習の方法・形態」との関連性が考慮される。<br>・学習成果の活用を促すという観点から、過去の学級・講座の修了者に依頼したり、地域の人材の発掘に力を入れつつ、適切な学習支援者が選定される。 |
| | | カ | 教材・教具（学習用資料、備品も含む） | ・「⑨学習の目標（ねらい）」および当該の回（コマ）における「イ．学習テーマ」「ウ．学習の内容」に対しての適切度、教材・教具の使用にかかわる学習者の経験や技術のレベル、教材・教具に対する当該の回（コマ）における「オ．学習支援者」の理解度や熟練度、地域性や学習者の日常生活との緊密性との関連を重視しながら選定される。 |

| キ | 備考 | ・ア〜カ以外で必要と思われる事項や実施にあたっての留意事項（例えば予備日など）について、学習プログラムの立案者や運営者の立場で設けられる。 |
|---|---|---|
| ⑪ | 評価 | ・「⑨学習の目標（ねらい）」の各項目が本事業を通じてどの程度達成されたかを測定するため、評価主体、評価方法、評価時期などが設定される。<br>・必要に応じて評価領域・項目が絞られ、前年の実績や類似のプログラムなどを検討の上、評価基準・尺度が設定される。 |
| ⑫ | 経費 | ・場合によっては必要経費の総額も表記されるが、ここでは主に、学習者（参加者）にとって参加費（受講料）の金額が設定される。 |
| ⑬ | 広報 | ・参加者募集をどのような方法（媒体）で行うのかが設けられるが、方法（媒体）は、地域性や学習者の日常生活の実態との関連を重視しながら選定される。 |

坂本登「学習プログラム立案の方法」、岡本包治・坂本登・生住昭夫・井上講四・緒方良雄・高橋寛『学習プログラムの技法』実務教育出版、1988（昭和63）年、27〜29頁、及び国立教育政策研究所社会教育実践研究センター編『平成18年度社会教育主事のための社会教育計画「実践・事例編」』、3〜8頁を参考に作成

## 3．社会教育計画等の行政計画における学習プログラムの位置付け

　学習プログラムは、社会教育計画等の行政計画とのかかわりで編成されることもある。このような行政計画における学習プログラムの位置付けについて述べておくと、自治体によって様々ではあるが、一般的な社会教育計画では計画期間が約10年程度の長期計画、3〜5年間程度の中期計画によって策定され、それに基づき当該年度に行う事業を計画した年間事業計画（単年度計画）が立てられる。[3]ただし、最近では社会の変化が加速化する中で、計画期間を短縮する自治体も出始めている。

　さらに、この年間事業計画に基づき、個々の具体的な事業についての計画が策定される。事業には、①基盤体制整備、②情報提供、③○○運動の推進、④調査研究、⑤学習講座、⑥イベント等があるが、[4]ここで取り上げる学習プログラムは、⑤学習講座型の事業計画のことである。実際に社会教育施設等では学

習講座型の事業を多く実施しており、その計画策定の頻度が比較的高いことから、学習プログラムをそのまま事業計画（または個別事業計画）と呼ぶ場合もある。また前述したように、学習プログラムの各回（コマ）の計画を展開プログラム（または学習展開計画）と呼んでいる。したがって、社会教育計画における各種計画にあって、学習プログラムは年間事業計画の下位計画に位置付けられると同時に、展開プログラムの上位計画として位置付けられる。

## 4．学習プログラムの例

　学習プログラムの例としては、**表 4 - 2** のようなものが考えられる。

### 表 4 - 2　学習プログラムの例

| ① | 事業名 | これからのまちづくり〜安全で快適な A 市ガイドブック作成事業〜 |
|---|---|---|
| ② | 事 業 の 目 的（趣旨） | 災害対策を含む A 市ガイドブック作成を通じて、これからの安全で快適なまちづくりを目指す住民参画を推進する。 |
| ③ | 実施主体 | A 市教育委員会生涯学習課（協力機関：A 市消防局） |
| ④ | 対象者 | A 市内在住成人 |
| ⑤ | 定員 | 30人 |
| ⑥ | 学習期間 | 20** 年 5 月〜 7 月（約 2 ヶ月） |
| ⑦ | 学習時間（回数） | 3 時間× 5 回 |
| ⑧ | 学習場所 | A 市中央公民館、A 市民防災センター、A 市内各所 |
| ⑨ | 学 習 の 目 標（ねらい） | (1) 現在住んでいるまちの成り立ちの歴史を学びながら、これからのまちづくりへの参画意識を持つ。<br>(2) 現在住んでいるまちの災害対策の現状を把握しながら、安全で快適に暮らせるまちづくりの考え方を身につける。 |

⑩　プログラムの展開

| 回 | 日時 | 学習テーマ | 学習の内容 | 学習の方法・形態 | 学習支援者 | 教材・教具（学習用資料、備品も含む） | 備考 |
|---|---|---|---|---|---|---|---|
| | | | | | | | |

| | | | | | | | |
|---|---|---|---|---|---|---|---|
| 1 | 5月9日（土）13時〜16時 | 互いを知り合い、A市の成り立ちについて知ろう | （1）開講式、オリエンテーション（学習の進め方ガイダンス）（2）自己紹介およびグループ分け（3）A市の歴史 | （1）講義（2）演習（簡単なレクリエーションも含む）（3）講義 | （1）A市教育長、公民館主事（2）公民館主事（3）郷土史研究家 | 講義資料、データ投影用プロジェクター | 場所：A市中央公民館 |
| 2 | 5月23日（土）9時〜12時 | A市の災害対策について、まち歩きをしながら調べてみよう | （1）グループ単位で各テーマに分かれてまちを歩きながら調査（2）グループ単位で調査結果をまとめる | （1）実習（2）演習（グループ単位） | （1）A市防災センター職員、災害救援ボランティア（2）公民館主事 | 記録用のフィールドノート、カメラ、模造紙、ペン等の文房具 | 場所：A市中央公民館に集合後、グループ単位で市内各所へ移動 荒天の場合は5月24日（日）9時〜12時に延期 |
| 3 | 6月6日（土）13時〜16時 | まち歩きの成果をまとめ、A市の災害対策の課題について話し合ってみよう | 前回の調査結果を用いたA市の災害対策の課題についての話し合い | 演習（グループ単位） | A市防災センター職員 | 模造紙、ペン等の文房具、パソコン、プリンター | 場所：A市民防災センター |

| | | | | | | | |
|---|---|---|---|---|---|---|---|
| 4 | 6月20日（土）13時〜16時 | A市ガイドブック作成〜テーマごとにグループ作業〜 | 前回の話し合いの結果を用いたガイドブック作成 | 演習（グループ単位） | タウン誌編集者、公民館主事 | パソコン、プリンター | 場所：A市中央公民館 |
| 5 | 7月4日（土）13時〜16時 | A市ガイドブック完成〜安全で快適なまちづくりとは〜 | (1) ガイドブックのまとめ（前回に作成したグループ単位のガイドブックを参加者全員で共有）<br>(2) ガイドブックの今後の活用について、閉講式 | (1) 演習<br>(2) 講義 | (1) タウン誌編集者、公民館主事<br>(2) 公民館主事、A市教育長 | パソコン、プリンター、データ投影用プロジェクター | 場所：A市中央公民館 |
| ⑪ | 評価 | 「⑨学習の目標（ねらい）」の各項目が本事業を通じてどの程度達成されたかを測定するため、自己評価アンケートを第5回終了時に実施する。 | | | | | |
| ⑫ | 経費 | 参加者負担金（参加費）500円（傷害保険料、飲料水等） | | | | | |
| ⑬ | 広報 | A市ウェブページおよびA市民だより（市報）に掲載の上、参加者募集を行う。 | | | | | |

国立教育政策研究所社会教育実践研究センター編『平成18年度社会教育主事のための社会教育計画「実践・事例編」』（同発行、2007（平成19）年）におけるO市青少年教育学習プログラム（54頁）、Y市成人教育学習プログラム（58頁）及びS市O区生涯学習によるまちづくり推進学習プログラム（112〜113頁）を参考に作成

　**表4-1**でも指摘されているが、学習プログラム編成にあって、「⑨学習の目標（ねらい）」−「⑩イ．学習テーマ」−「⑩ウ．学習内容」の一貫性を持たせることが重要な点の一つである。

　その点について**表4-2**で説明すると、「⑨学習の目標（ねらい）」の（1）「現在住んでいるまちの成り立ちの歴史を学びながら（略）」は、主に「⑩プログラムの展開」の第1回の学習テーマ「（略）A市の成り立ちについて知ろう」につながり、同回の学習の内容の一つである「A市の歴史」が設けられる。また、「⑨学習の目標（ねらい）」の（2）「現在住んでいるまちの災害対策の現状を把握しながら（略）」は、主に「⑩プログラムの展開」の第2回の学習テーマ「A市の災害対策について、まち歩きをしながら調べてみよう」や第3回の学習テーマ「まち歩きの成果をまとめ、A市の災害対策の課題について話し合ってみよう」につながり、それぞれの回の学習の内容として「グループ単位で各テーマに分かれてまちを歩きながら調査」や「（略）A市の災害対策についての話し合い」が設けられる。さらに、「⑨学習の目標（ねらい）」の（1）「（略）これからのまちづくりへの参画意識を持つ」や（2）「（略）安全で快適に暮らせるまちづくりの考え方を身につける」は各回で設定の学習テーマに直接的・間接的に関わるが、前者は特に「⑩プログラムの展開」の第4回の学習テーマ「A市ガイドブック作成」の作業を通じてまちづくりへの参画意識を持つきっかけにすることをねらっているし、後者は第5回の「（略）安全で快適なまちづくりとは（略）」という学習テーマのもとで行われる「ガイドブックのまとめ（作業）」を通じて上述の考え方を身に付けることを目指している。

## 5．学習プログラム編成の手順

　このような学習プログラムの編成にあっては、編成の手順（ステップ）を必要とする[(5)]。ここで言う編成とは学習プログラムを構成する様々な要素群を組織的にまとめることであるから、そのためにそれらの要素についてどのような手順で検討していくかということになる。この手順についてもこれまで様々な研

究が重ねられているので、それらの成果を参考にすれば、**表4-1**の①〜⑬については次の第1〜第5の手順で検討を行っていくのが一般的であろう。もちろん、この手順は必ずしも固定化されているものではなく、必要に応じて柔軟に入れ替えられたりする。

<第1段階>事業実施主体側にかかわる要素の検討（既に決定されている場合は確認のみ）

　この段階にかかわる要素は「①事業名」、「②事業の目的（趣旨）」、「③実施主体」、「⑫経費」であるが、これらは上位計画において既に決定されていることが多いので、その場合は確認のみを行う。

<第2段階>学習者にかかわる要素の検討

　この段階では、「④対象者」、「⑤定員」を明確にした上で、当該の学習者にかかわる要求課題（当該学習者の学習ニーズから導かれる学習課題）や必要課題（当該学習者が行うことが望まれる学習課題）がどのような課題であるのかを検討する。なお、もし「①事業名」が上位計画の時点で仮の名称となっている場合は、この段階で検討を行う。

<第3段階>学習の目標にかかわる要素の検討

　この段階では、前段階における要求課題、必要課題の検討結果を用いて、「⑨学習の目標（ねらい）」を焦点化する。この目標は評価を前提として立てられることから、この段階で「⑪評価」の内容の検討を行い、例えば「……できるようになる」、「……を身に付ける」など、評価可能な目標となるように検討を行う。

＜第4段階＞学習の内容及び方法・形態にかかわる要素の検討

　この段階では、「⑩プログラムの展開」内のイ〜カの各要素の検討を行う。あくまでも原則としてであるが、前段階の検討結果を受けて学習の内容にかかわる要素（「イ．学習テーマ」、「ウ．学習の内容」）の検討を行い、その次に学習の方法・形態にかかわる要素（「エ．学習の方法・形態」、「オ．学習支援者」、「カ．教材・教具（学習用資料、備品も含む）」）の検討を行うのが一般的である。

＜第5段階＞その他の要素の検討

　この段階では、残る「⑥学習期間」、「⑦学習時間（回数）」、「⑧学習場所」、「⑩プログラムの展開」内の「ア．日時」、「キ．備考」、「⑬広報」を検討する。

## 6．学習成果の活用を促す学習プログラム

　生涯学習社会の構築のために学習成果の活用支援の必要性が指摘されて久しく、これまではその支援の一環として県民カレッジ等で単位を付与したり講座で修了証を出したりしてきた。近年、少子高齢化やそれに伴う財政難などの社会状況により、学習成果の活用の必要性はますます高まってきている。教育基本法の2006（平成18）年改正で学習成果を社会で適切に生かすことが言われ（第3条）、社会教育関連3法（社会教育法、図書館法、博物館法）では2008（平成20）年改正でいずれも学習成果の活用やその支援についてが規定された。

　様々な課題に直面している地域にとっては、その課題を解決するために、個人の学習成果をどのように活用していくかが重要になると考えられる。したがって、これからの学習プログラムにあって、学習成果の活用を促すプログラムの編成も求められるようになるに違いない。

　そのような学習プログラムを企画するにあたっては、次の二つの視点が指摘されている。その第1は学習者の学習経験から見た視点で、これは地域のために学習成果を活用するにあたり、一定レベルの知識・技術の習得が不可欠にな

ることから、対象となる学習者を学習経験の違いからタイプ化するものである。[8]
このタイプ化により、学習プログラム編成とのかかわりで整理すると、次のⅠ
〜Ⅳのタイプとなる。

　Ⅰ．日常経験・職業経験等の中での学習で知識・技術を身に付けているがそ
の学習の時期が古いタイプ：学習プログラム編成の際、基礎的・理論的な学習
内容とととともに、最近の社会情勢等についても取り上げることが望ましい。
　Ⅱ．意図的な学習活動で知識・技術を身に付けているがその学習の時期が古
いタイプ：学習プログラム編成の際、最新の理論等を取り上げるとともに、体
験活動等も取り入れるなど実践力を身に付けられる内容を盛り込むことが望ま
しい。
　Ⅲ．意図的な学習活動で知識・技術を身に付けておりその学習の時期が比較
的新しいタイプ：学習プログラム編成の際、体験活動等も取り入れるなど実践
力を身に付けられる内容を盛り込むことが望ましい。
　Ⅳ．日常経験・職業経験等の中での学習で知識・技術を身に付けておりその
学習の時期が比較的新しいタイプ：学習プログラム編成の際、基礎的・理論的
な学習内容を取り上げることが望ましい。

　第2は学習活動と学習成果の活用との時間的な関係から見た視点で、これは
学習成果の活用が学習活動の後に行われるのか並行して行われるのかで大別す
るものである。[9]これにより、学習プログラム編成とのかかわりで整理したもの
が次のA、Bの類型である。

　A．学習した後にその成果を生かし、その過程で学習課題を発見したときな
ど、新たな学習活動を行う類型：学習プログラム編成の際、その学習後に学習
成果を生かして地域等で活躍してもらうことを想定して、理論的な内容ととも

に経験者の話を取り入れるなどして実践的な内容も取り入れることが望ましい。

　B.　学習をしながら学習活動の一環として、成果の活用を同時並行で行う類型：学習プログラム編成の際、学びながら地域活動やボランティア活動を体験できるように、プログラムの中に学習成果の活用を位置付けられるような活動を取り入れることが望ましい。

　これらの視点を参考に、**表4-2**の学習プログラムの例について検討してみると、例えば次のような工夫を加えたプログラム編成が考えられるであろう。

＜学習者の学習経験から見た視点の場合＞

　学習者を学習経験の違いでタイプ化して検討し、当該の学習者（参加者）に欠けていると考えられる学習内容に力を入れたプログラムにする。前述の第1の視点であげたタイプ順に説明すると、Ⅰでは、特に最近のA市の災害対策等の状況について詳しく取り上げる。Ⅱでは、グループ単位の演習のみならず講義後にも参加型学習の手法（第3章参照）を取り入れるなど実践力を付ける内容を盛り込むと同時に、災害対策にかかわる最新の理論も取り上げる。Ⅲでは、グループ単位の演習のみならず講義後にも参加型学習の手法を取り入れるなど実践力を付ける内容をできるだけ盛り込みながら、その中で安全で快適な暮らしのために行ってきた過去の経験などを学習者同士が披露し合う。Ⅳでは、A市の成り立ちや歴史に関する基礎的な内容を取り上げる。

＜学習活動と学習成果の活用との時間的な関係から見た視点の場合＞

　学習成果の活用が学習活動の後に行われるのか並行して行われるのかを分けることにより、どの時点で学習成果の活用をしていけばよいのかがより自覚しやすくなる。前述の第2の視点であげた類型順に説明すると、Aでは、もし類似の学習プログラムが過去に実施されていれば、完成されたガイドブックを活

用している経験者の話を取り入れるなどの実践的な内容を取り入れる。Bでは、学習プログラム実施をしながら、作成したガイドブックを活用する活動を体験的に取り入れる。

## 7．学習メニュー方式の導入

　今日では、学習者が自身の興味・関心に合わせて主体的に学習機会を選択して学習することも多いので、必ずしも定められた学習プログラムに沿った学習にニーズがあるわけではない。このため、プログラムの一部を学習者が選択しそれを幾つか組み合わせ、学習者自身の学習計画をつくる学習メニュー方式を[10]導入にすることも必要になってくるであろう。もちろん内容によっては、学習プログラムの全てに参加することに意味を持つタイプも多くあり、必ずしもすべての学習プログラムに選択制の導入が可能なわけではない。

## 第2節）学習プログラムの評価とその手法

## 1．学習プログラム評価とその目的

　学習プログラムの評価とは、学習プログラムの目標がどの程度達成されるか、あるいは、どの程度達成されたかを確かめるために、目標達成の程度や学習支援の条件整備の程度などを測定し、プログラムについての価値判断を行うこと、またはその過程と言うことができる。[11]例えば、プログラムの目標がニーズに合わせて適切に設定されているか、プログラムの目標の達成を図る上で学習内容の選択と配列は適切か、また、学習支援者、学習場所、期日、必要経費等が学習目標を達成するのに適切かなどを分析して評価を行う。また、学習プログラムの実施が有効であったかどうかを、学習者の意識や行動の変容、学習者の満足度などの分析を通して行う場合などもある。

　学習プログラムの評価の目的は、評価の時期や、評価を誰が求めるかによって異なるが、主なものをあげると次のようになる。

① 学習プログラムを編成するときに、必要な情報や有効な情報を得て、プログラムをより良くすること。

② 学習プログラムの実施中や終了後に、学習の内容や展開についての改善点を明らかにし、実施中のプログラムや次期のプログラムの改善を図ること。

③ 学習プログラムの成果にかかわる情報を得ること。

④ 学習プログラムについての説明責任を果たすこと。

①の目的は、学習プログラムの編成者がプログラムを編成する段階で妥当性等を診断する評価を行い、プログラムの目標や内容等を検討するときに必要な地域課題の情報の学習ニーズにかかわる情報収集を通じて、プログラムをより良いものにしていくことである。

②は、改善点を明らかにし、プログラムの内容や展開、指導法などを改良することである。学習プログラムの実施中に行う事中評価では必要に応じてその後の展開等を修正したり、指導者はその後の指導法などを改善する。また、プログラムの終了後に行う評価では、プログラム全体についての改善点を明らかにして、次期のプログラム編成に生かすことになる。

③の目的は、学習プログラムの実施によって得られた成果についての情報を収集することである。例えば、実験的な学習プログラムや新規の学習プログラムを実施し、その成果についての情報を得ることで、プログラムの継続的な実施や普及につなげることができる。

④の目的は、学習プログラムの実施のために使われている予算や人的資源等に見合った学習活動を行なっていることやその成果を示し、プログラムを実施することに社会からの理解を得ることである。

学習プログラムの評価にはこのような目的があるが、実際の評価はこれらの全部または一部の目的のために行われる。

## 2．学習プログラム評価の分類

　学習プログラムの評価は、評価の対象、評価者、評価時期、評価データの収集技法などから分類することができる。以下、それぞれの分類を見てみよう。

(1)　評価の対象

学習プログラム評価における評価対象を分けると、次の四つの領域がある。[12]

①　学習者の特性や学習活動自体に関すること（学習者の性別、年齢、職業、学習者の学習ニーズ、プログラムへの出席状況、活動時の態度など）

②　学習成果に関すること（学習者の知識・技術等の習得状況、学習者の意識、態度、行動等の変容、学習による成果物など）

③　学習活動を支援する条件整備に関すること（学習目標、学習内容、学習方法、期間、講師・指導者、学習支援者、教材、学習施設、学習プログラムの広報、募集方法など）

④　学習プログラムとは直接的に関連のない団体・組織や地域社会への影響に関すること（他の学習集団、他の教育・学習施設等への影響、地域社会への影響など）

(2)　評価者

　学習プログラムを評価する評価者には、①学習者、②学習希望者、③講師・指導者、④学習プログラム編成者、⑤学習プログラムの実施者・運営者、⑥学習プログラム実施者・運営者等の管理者、⑦住民、⑧外部の有識者、⑨コンサルタント、などがある。また、これらの評価者が個々に評価を行う場合と、これらの一部を構成メンバーとした組織をつくって評価を行うこともある。

(3)　評価時期

　評価時期とは、学習プログラム評価をいつの時点で行うかということによる分類である。評価時期には、①学習プログラムの実施前、②学習プログラムの実施中、③学習プログラムの終了後、がある。

　①の評価は、学習が始まる前に学習者や学習希望者の状況を把握してプログラムの実施に生かすために行われる評価で、診断的評価（diagnostic evaluation）と呼ばれる。この評価には、学習者がプログラムに参加するよりも前に行う評価と、プログラムの実施直前に行う評価がある。②の評価は、学習プログラムの実施中に学習の状況を把握し、主にその後のプログラムの展開に生かすことや、学習者自身が自身の学習の進展にについて確認するために行われる。このような評価は形成的評価（formative evaluation）と呼ばれるが、ここで取り上げるのは学習プログラムの評価なので事中評価と呼ぶことにしよう。また、③の評価は、プログラムの終了後に、主に学習活動の全般や学習成果の総括を目的に行われ、総括的評価（summative evaluation）と呼ばれる。この評価には、プログラムの終了時や終了直後に行う評価と、プログラムの終了後、一定期間が経過してから行う評価がある。

(4)　評価データの収集技法

　学習プログラム評価のデータを収集する技法には、多くの技法が活用されている。学習プログラム評価に用いられる技法の多くは、心理学、社会学、教育調査などで用いられる技法である。主な技法を示すと**表4-3**のようなものがある。評価データの収集作業においては、これらの技法は単独で用いられる場合もあるが、複数の技法を組み合わせて活用される場合が多い。

## 3．学習プログラム評価の手順

　以下に学習プログラム評価の手順を示す。学習プログラムの評価を行うとき

表4-3　学習プログラム評価のデータ収集技法

| データ収集技法の種類 | 技法の内容 |
|---|---|
| ① 観察法 | 実際の場面や、ある仮想場面における課題について、学習者の知識・技術の習得の程度、態度・行動などを観察する。 |
| ② インタビュー法 | 評価者は個人、あるいは集団で、面接や電話等により、対象者（学習者、企画者、指導・助言者等）から聞き取りを行う。 |
| ③ 質問紙法 | 意見や感想、態度や事実に関して質問紙による調査を実施し、評価データを収集する。 |
| ④ テスト法 | 学習参加者の知識、技能、価値観や態度の変容に関し、各種テストを実施し、評価データを収集する。 |
| ⑤ 作品評価法 | 学習者が創作した作品（文章、美術作品、映像作品等）、演奏や演示等を手掛かりに評価を行う。 |
| ⑥ 行動観察法 | 現実場面やある仮想場面において、学習者にある特殊な技能や行動を行ってもらい、それを観察し、チェックリストや順序尺度などを活用して評価する。 |
| ⑦ 資料分析法 | 組織や地域社会で公表された各種資料を基に評価を行う（例えば、表彰記録、年次報告書、出席記録、学習者が参加した学習機会の受講時間や受講回数等の記録等）。 |
| ⑧ ポートフォリオ | 設定された目標の達成度や学習者の作成した作品に関する資料（外部の資格や賞与の証明書を含む）を収集し、それを手掛かりに評価を行う。 |
| ⑨ 費用効果分析法 | 学習プログラムの必要経費と学習成果の関連を査定する評価の費用効果分析を実施するには、評価者は量的に測定可能な学習成果に関する情報を収集しなければならない。 |

白石克己、金藤ふゆ子、廣瀬隆人編『学習プログラムの革新』（ぎょうせい、2001（平成13）年）、116頁の表に加筆して引用。

は、あらかじめ評価者を決めておく必要がある。評価者は、個人の場合と、複数のメンバーによる組織の場合もある。評価者がこの手順を進めることが基本である。

＜手順1＞評価の目標の明確化

まず、ここでの評価はどのような意図で行うか、その目標を明確にする。学習プログラム評価の目的には、プログラムの改善のための情報を得ることや、プログラムの成果や学習成果にかかわる情報を得ることなどがある。評価のねらいに合わせて、評価項目や評価データの収集技法を選択するため、手順1はこれ以降の手順に影響を及ぼす重要なプロセスである。

＜手順2＞評価対象の選定

次に、評価の目標を達成するため有効な評価対象を選定する。評価対象には、例えば学習者の特性と学習内容の関係、学習成果、学習支援の条件整備等がある。これらのうちから、評価で必要な対象を選択する。

＜手順3＞評価項目の決定

手順2で選んだ評価対象の中から、評価の目標を達成できると考えられる具体的な内容を検討し、評価項目を決定する。どのような評価データを収集する必要があるかということが、評価項目を決定するときの最も重要な判断材料となる。**表4-4**は評価項目の例である

＜手順4＞評価データの収集技法の決定

手順3で決定した評価項目とそれに関連する評価データを収集するための技法を選択する。観察法、インタビュー法、質問紙法等の技法の中から、評価データ収集に有効な技法を選択する。

＜手順5＞評価時期の決定

次に、評価をいつ行うかを決定する。評価時期には、学習プログラムの開始前、開始時、実施中、終了時、終了後などがある。評価時期は一つの時期とは限らず、二つ以上の時期をまたいで評価を行うこともある。学習プログラム評価の目標に合わせて、適切な評価時期を決定する。

＜手順6＞評価データの収集と分析

手順5までに設定した評価計画に沿って、評価データの収集を行う。また、当

**表4−4　学習プログラム評価の評価項目（例）**

①学習プログラムの編成にかかわる評価項目
　・住民の学習ニーズ、学習希望者の学習ニーズ
　・地域の課題
②学習プログラム開始前（開始まで）のことに関する評価項目
　・学習プログラムのPR（期間、方法）
　・申し込み、受付の仕方
　・参加者（予定者）について
　・学習会場の条件整備（照明、広さ、快適性）
　・学習会場の利便性
③学習プログラム開始時の評価項目
　・学習情報などの参加者の受け取り方
　・参加者の参加動機、期待、要求、到達目標
　・学習プログラムの全体計画（目標、方法など）の提示
　・開始時に提示された情報による参加者の関心や意欲の高まり
④学習プログラム実施中の評価項目
　・各回の学習について（内容、方法、進め方、教材など）

　・教室および学習環境
　・指導の方法
　・指導者とのかかわり方
　・参加者相互のかかわり
　・参加者の参加意欲を高める支援
⑤学習プログラム終了時、または終了直後の評価項目
　・学習プログラムの全体について（内容、方法、進め方、教材、開催時期、期間など）
　・指導の方法
　・学習活動
　・学習者の満足度
　・学習成果
　・学習プログラムの目標の達成度
⑥学習プログラム終了後（一定期間経過後）の評価項目
　・学習成果
　・学習成果の活用
　・学習プログラムの目標の達成度
　・学習プログラム実施による他団体・組織、地域社会への影響

初設定した評価の目標達成に向けて、収集した評価データを分析する。

　＜手順7＞分析結果を用いた価値判断

　評価データの分析結果を用いて、学習プログラムの実行可能性や有効性、学習プログラムの目標の達成度、学習成果の達成度、学習支援の条件整備の程度など、評価の目標に関わる内容について価値判断を行う。ここでの価値判断は、評価データの分析結果を評価基準と照らし合わせて行う。そのため、事前に評価基準を設定しておくことが必要である。

　評価基準は、実数や比率などで定量的に示されていると判断しやすい。しかし、学習プログラムの実行可能性や有効性、目標達成の可能性、達成度においても、技術習得や技能の向上などのように定量的には測定しにくい内容もある。そのような場合の評価基準は、文章の記述により定性的に示すこともできるが、客観的に判断できる基準であることが求められる。なお、学習プログラムの評価基準の設定の仕方には、次の五つのような方法がある。[13]

① 　学習者や評価者自身の基準で判断する。
② 　学習者や評価者がいくつかの観点を立てて、それを判断基準とする。
③ 　ある絶対的な基準を設けて、それを判断基準とする。
④ 　各種テスト法などを活用し、平均値との比較で判断基準を設定する。
⑤ 　各種テストなどを利用し、自分や他者の定めた基準を判断基準とする。

## 4．学習プログラム評価の課題

　最後に、学習プログラム評価やその実践における課題を三つあげておこう。第一に、学習プログラム評価法の開発である。ここでは学習プログラム評価の方法の大枠を示したに過ぎない。例えば、学習プログラムの目標達成にとってプログラム構成が適切かどうかを判断するときの客観的な基準を示すことはできていない。また、学習プログラムと学習者の学習成果の関連について、学習プ

ログラムがどの程度影響を及ぼしているかを厳密に把握することも可能となっていない。学習プログラム評価を進めていくには、学習プログラム評価法の開発が急務である。

　第二に、プログラムは発達するものであり、プログラムの発達段階の各段階で求められるプログラム評価をデザインする必要性が言われている。<sup>(14)</sup>学習プログラムであれば、例えば、新たな学習プログラムのアイディアが生まれ始める段階、学習プログラムの編成段階、学習プログラムを実施したもののいまだ定着していない段階、学習プログラムが定着し安定して実施されている段階などがある。このような学習プログラムの各発達段階において必要な評価がある。学習プログラムの発達や発展過程に着目した評価方法の開発も必要である。

　第三に、今後、ますます学習プログラムの質の保証や質の向上が求められる。学習プログラム評価は、学習プログラムの質を保証する役割を持つものである。学習プログラムの質を高めていくことは、結果として学習者の学習成果の向上を図ることにつながる。生涯学習関連事業にかかわる関係者の間で、学習プログラム評価に対する一層の理解と関心が高まることが期待される。

## （第3節）地域課題解決のための学習プログラム

### 1．課題の発見・共有・解決

　2018（平成30）年に公表された中央教育審議会答申『人口減少社会の新しい地域づくりに向けた社会教育の振興方策について』では、地域における課題解決のための学習について、地域の人々が「課題の発見・共有・解決の三つの段階を意識しながら、地域コミュニティの将来像を構想し、共有化した上で、参加者が協働して目標達成に取り組み、解決を目指すといったプロセスが重要」と指摘している。地域課題解決のための学習プログラムは、この発見・共有・解決のプロセスを踏まえたもので、ステップごと（つまり「発見」のため、「共有」のためなど）の学習プログラムもあれば、これらプロセス全体を視野に入

れた学習プログラムもあるだろう。また、課題の発見とその解決策を見つけるための「方法・技法」を学ぶ学習プログラムもある。

## 2．栃木県の地域課題解決型学習プログラム「地域元気プログラム」

　栃木県教育委員会は、2017（平成29）年度から、「地域住民が身近な地域課題に向けた取組を行うための支援をとおして、地域のつながりづくりを目指す」「地域課題解決型学習推進事業」に取り組み、学習プログラム「地域元気プログラム」を開発し、テキストを作成している。同プログラムは、地域課題として「家庭教育支援」を取り上げ、地域の人々が興味関心を持つよう参加型で構成、学習者相互の交流を通して主体的な学習が進むよう工夫されている。学習のステップとして、「地域課題についての『知識』」、「解決のための取組を行うための『技術』」、「具体的な実践につなげるための『行動』」の三つに分け、それぞれのステップ毎にモデル・プログラムを紹介している。参加者（4〜6人のグループ）は、ワークシートや参考となる資料を使って、グループワークを行い、これをファシリテーター（facilitetor）が支援するというかたちになっている（詳しくは第3章参照）。モデル・プログラムの一部について紹介する。

　**図4−1**は、「ご近所の子どものこと、知っていますか？」というプログラムで、イラストを見て、それぞれの参加者が個人で「子どもに無視されたおじいさんがどんな思いだったか想像したり、どうしてそうなったかを考えたりする。その後、グループ内で意見を出し合う」、「地域の人間関係が希薄になっている例を見て、原因を考える」など問題を発見するためのワークシートとなっている（地域課題についての「知識」）。

　課題の解決（具体的な実践につなげるための「行動」）について考えるプログラムである「地域ぐるみでみんなで子育て」には、**図4−2**にあるようなワークシートが用意されている。ディスカッションが参加者の経験談や感想の交換とならないよう、参考となるいくつかの先進事例についての資料も別に用意さ

**図4-1　課題を発見するワークシート例**

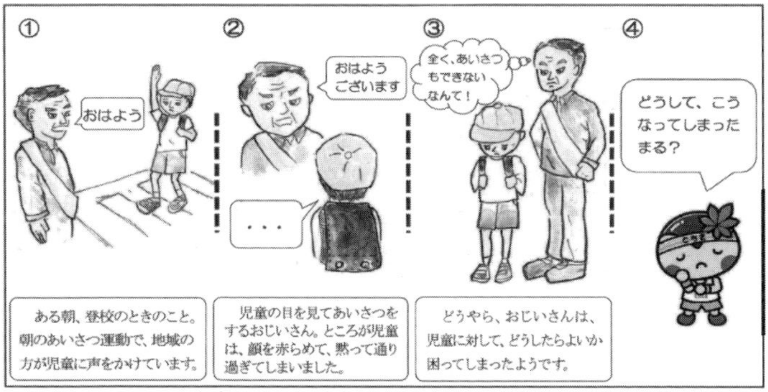

栃木県教育委員会事務局生涯学習課「地域課題解決型学習プログラム　地域元気プログラム」、2018（平成30）年

## ワークシートA「地域ぐるみでみんなで子育て」

**ワーク1** 事例紹介
　①事例の紹介（別紙）
　②事例から気付いたことを話してみましょう。

**ワーク2** 自分たちの地域では、子どもたちにどのようなこと（交流や体験、学習活動など）をすべきか考えてみましょう。
　①それぞれの立場でできること、やってほしいことをふせん紙に書きましょう。
　　見守り世代…自分たちには、こんなことができるかなぁ
　　子育て世代…こんなことがあるといいなぁ

　②下記のまとめ方を参考にしながら、模造紙にふせん紙を分類して貼り付け、意見をまとめていきましょう。

【模造紙のまとめ方】

**ワーク3** ワーク2でまとめたことをもとに、「地域ぐるみでみんなで子育て」をするために自分たちは、どのようなことから取り組んでいくことができるか、簡単な提言・提案（ワークシートB）を作成しましょう。

●発表・全体共有
　グループで作成した提言・提案を発表しましょう。

> **まとめ・ふりかえり**
> 今後、地域住民の一員として地域全体に関わっていこうと感じたかまとめましょう。

### 図4-2　課題解決について考えるワークシート

図4-1と同じ出典

れており、ある種のケーススタディにもなっている。ラベルワークについても、誰もが理解できるよう平易な解説とともに、二つの視点を座標にして図解するマトリックスを使ったまとめの仕方も盛り込まれている。

### 3．ロジカル・シンキングによる問題解決学習

　(1)　問題の発見

　栃木県の事例は地域の課題解決に向けた人々自身の発意（気持ち、やる気）を促したり、お互いの「つながり」を強くする上で、とても有効なものとなっている。一方で、地域の課題は複雑・総合化していて、その解決策はそう簡単には見つからないのも事実である。ここでは、別のアプローチとして、地域の課題について、モノゴトを論理的に考え整理する方法（ロジカル・シンキング、logical thinking）について紹介する。

　その前にそもそも「問題」とか、「課題」とかは実際にはどのようなことなのか。そこから始めたい。

　「問題」とは一般に「あるべき姿」（目標や理想）と現状とのギャップ（乖離）のことであり、そのギャップを埋める作業が問題解決となる。「課題」とは、解決すべき問題として設定された「果たすべきこと」、「実行すること」である（本節では以下、この整理を踏まえ、もっぱら「課題」ではなく「問題」としている）。地域の規模や特性によって実に多様な問題があるだろう。これらが本来どうあったらよいかということとそれが今、どういう現状になっているかを考え、ギャップを見つける。「あるべき姿」から始めるのではなく、現状を見て、そこから考えるということもある。**図4-1**のワークシートは、学習者にイラストを見て、現状を直観的に把握してもらい、そこから「あるべき姿」を探ってもらうプロセスを提供している。

　問題の発見とその要因を探ったり、あるいは解決策を論理的に考察（ロジカル・シンキング）する際に「ダブリなく、モレなく」を常に意識することが重

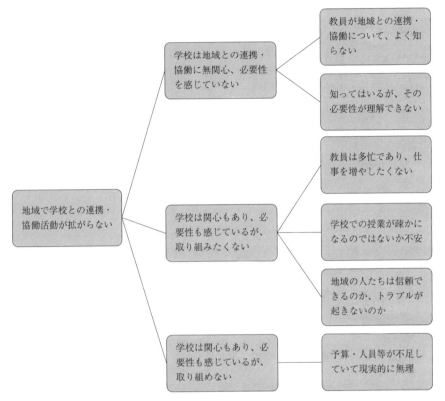

**図4-3　問題発見のロジックツリー展開例**

要とされる。「考察」の俎上にすべてのコトが出揃っているか（モレがないか）、重なっていないか、似たようなものはないか（ダブっていないか）ということである。ロジカル・シンキングでの有効な技法として、ロジックツリー（logic tree）がよく使われる。ここではまず、学校と地域の連携・協働に関する問題発見を例にツリーを展開してみる。

　一見して分かるように、左から右に向かって問題とその要因が因果関係でつながっている。例えば「地域で学校との連携・協働活動が拡がらない」のは、

そもそも学校側が「無関心で、必要性を感じていない」から、と。左から順に「どうしてそうなのか（Why）」を考え、どんどん枝を増やしていく作業を行っていく。ダブりやモレは枝別れする各段で十分検討する。例えば、最初の枝別れの段で、本当にこの三つだけなのか（モレはないか）、ダブっているものはないのか、ということである。コツはまず二つに分ける（aである、aではない）ことである。**図4-3**では、まず「無関心で必要性を感じていない」、「関心もあり必要性も感じている」で二つに分け、さらに「必要性を感じている」を二つに分けている。実際の作業ではあまり大きな問題（例えば「生涯学習社会の実現」など）を掲げてしまうと、そこからツリーを展開することは難しい。できるだけ具体的な問題、定性的（例えば、地域の青少年のモラル低下など）ではなく定量的な（例えば、一人暮らしのお年寄りが地域に多くなってきた）問題をまずははじめに設定することである。


(2)　要因の検証と絞り込み

　次に図にある枝（因果関係）が本当にそうなのか、検証する必要がある。このため必要なデータの収集や調査・分析が重要となる。**図4-3**を例にとれば、学校の校長や教員に対する意識調査、学校が自由にできる予算や教員の多忙さに関する実態調査、うまく回っている協働活動の事例などをまずは集めることである。既存のものがなければ、自分たちでアンケート調査やヒアリングを実施してみてもよい。その際には「何が分かれば検証したことになるか」を十分に考えて、調査項目を設定することが重要となる。同じテーマの調査であっても、地域がかわれば、その結果も随分と違う場合がある、あくまで自分たちの地域ではどうかということを意識する必要がある。

　こうして集めたデータや事例を分析して、仮説（想定された要因）が成立しないと判断できる場合（例えば、調査結果から学校と地域の連携・協働についてよく知らない教員は殆どいなかった）は、その要因をツリーから削除し、新し

い枝があるか考えてみる、といった作業を繰り返し、ツリーの精度を上げ、その問題解決に最も影響が強い要因を見つける。

　ここでは、「学校は関心もあり、必要性も感じているが、取り組めない」のは、「予算・人員等が不足していて現実的に無理」という問題発見ができたとしてみる。

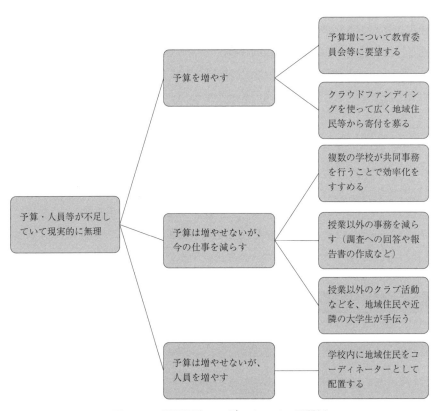

図 4-4　問題解決のロジックツリー展開例

(3)　問題の解決

「予算・人員等が不足していて現実的に無理」という問題に対する解決策の
ツリーを展開してみる。このツリーでは今度は左から順に「だからどうする
(How)」を問うていくことになる。

　ある程度までツリーが展開できたら、どの解決策を採用するかを決めること
になるが、その際、解決策を選択するための基準を設定しておく必要がある。例
えば、①問題解決への有効性（どれくらい有効な取組であるか）、②実現可能性
（予算や人員など現実的な条件から判断）、③時間軸（いつまでに解決しようと
考えるか、早期であれば実現可能性が高いものを選択する）、④即時性（すぐで
きることか、時間がかかるか）、⑤学習性（その後の学習者の主体的な学習や成
長にどう関わるのか）などである。例えば、「教員増について教育委員会等に要
望する」はすぐできるかもしれないが、有効性という点では疑問符が付くので
検討の対象からはずすといったことである。**図4-2**のマトリックスは、①と④
を座標軸にしている。

## 4．アイデア出しと具体化

(1)　「組み合わせ」と「1行アイデア」

　解決策はあくまで、「こうしたことをやればいいのではないか」といった解決
の方向性でしかないので、これを取組や事業として具体化する作業がある。**図
4-4**にある「授業以外のクラブ活動などを、地域住民や近隣の大学生が手伝
う」、これをある意味具体化したのが「学校支援地域本部事業」[16]だが、他にも
様々な取組や事業があるだろう。実際に何をどうやるか、アイデアを練る作業
（これも一つの学習プログラムとなる）を考えてみる。

　アイデアは全くの白紙から湧いてくるものではない、ただ学習者が集まって
ディスカッションをしてもなかなか難しい。アイデアの発想法（直観を促すツ
ール）はいくつかあるが、基本は「組み合わせ」である。では何と何を組み合

わせるか。上記3．とのつながりで言えば、例えば a．授業以外で教員が担っ
ていること、場所等と b．地域の人々がそれぞれ持っているもの、得意なこと、
場所等を組み合わせてみよう。

① 学習者（複数）は、a．、b．それぞれについて思いつくキーワードをカ
ードに記入する。例えば、a．ではクラブ活動、遠足、文化祭、繁華街の見
回り、学校安全、図書室など、b．では大学生、高齢者、英語ができる、P
Cが得意、料理が上手、商店街など。
② a．、b．のカードを別々の袋か箱に入れて、ランダムに一つずつ取り出
し、その2つの組み合わせをもとに、どういった取組や事業があるか、ディ
スカッションをしてみる
③ ディスカッションの結果をまとめて、何をどうするといった1行アイデ
アをできるだけ多く出してみる。どうしても浮かばない組み合わせもある
かもしれないが、その場合はとりあえずパスして次の組み合わせをしてみ
る。

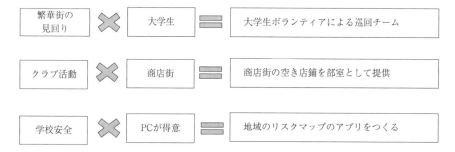

こうやって集まった玉石混交の1行アイデアから、良さそうなものを絞り込
み、もっとこうしたらよいのではないか、これも付け加えたらどうかなど、ア
イデアを膨らましていけると面白い。例えば、教員や大人は知らない、生徒と
年齢が近い大学生の生（なま）の情報をうまく集めて何かできないか、商店街で、それ

それのショップ「推し」のクラブをつくったらどうか、ＬＩＮＥを使えないか、などといった具合である。

### (2)　6Ｗ2Ｈ

上記の作業によって取組や事業の大枠（イメージ）が見えてきたら、次にそれを「6Ｗ2Ｈ」にあてはめてみよう。Why（なぜ）、Whom（だれに）、What（なにを）、When（いつ）、Where（どこで）、Who（だれが、どこが）、How（どうやって）、How much（いくらかかるか）とそれぞれについて具体的に書き留めてみると、検討不足や曖昧なところがよく分かるので、これについて必要な情報を集めたり、関係者に意見を求めたりしながら検討をすすめ、具体的なもの、実現可能な取組に仕上げていく作業である。

以上、問題発見（ロジックツリー）→問題解決（ロジックツリー）→アイデア出し（組み合わせと1行アイデア）→具体化（6Ｗ2Ｈ）と、地域における課題解決のための学習プログラムの構成要素について、見てきた。2.　で紹介したように、地域の課題解決については、何より地域の人々が問題意識を持ち、それを共有し、解決に向けて取り組もうという「気持ち」が重要である。この「気持ち」を「具体的な実践に」確実につなげる学習プログラムを立案するために、これまで紹介したような技法（他にも有効な技法は多くあるし、それに関する類書も多い）や考え方が参考となる。

## 第4節　体験学習を導入した学習プログラム

### 1．体験を通じた学習の捉え方

「体験学習」とは、体験活動を通じた学習を指す用語である。

近年、体験的な活動の推進は、青少年を対象とした社会教育の中心的な位置を占めている。体験を通じた学びやその支援は、青少年教育の中で伝統的に重視されてきたものではあるが、特に1990年代以降、体験を通じた学習プログラ

ムの総称として「体験活動」という語が用いられるようになり、政策文書等でもその重要性が繰り返し指摘されてきた。

　例えば、2013（平成25）年の中央教育審議会答申『今後の青少年の体験活動の推進について』は、体験活動を「体験を通じて何らかの学習が行われることを目的として、体験する者に対して意図的・計画的に提供される体験」と定義し、[18]体験活動の内容として「生活・文化体験活動」、「自然体験活動」、「社会体験活動」の三つをあげている。ここで重要なのは、体験活動が「意図的・計画的に提供される」ものであることである。すなわち、体験活動プログラムは、単なる体験とは異なり、教育的な意図に基づき、青少年に必要だと考えられる体験を組織化・構造化したものであり、そこでの体験は、教材のように教育の手段として位置付くものと言える。「体験学習」という用語も、こうした教育的な意図に基づく体験活動を通じた学習として捉えられることが一般的である。

　こうした体験活動や体験学習が推進される背景には、青少年の「体験不足」への懸念がある。例えば、国立青少年教育振興機構が2009（平成21）年に20代〜60代の男女を対象に実施した調査によれば、若い世代ほど「自然体験」や「友だちとのかかわり」が少なくなっている状況が見られた。[19]都市化や情報化、少子化等の社会の変化に伴い青少年の生育環境が変化する中で、上記の答申があげている3領域の体験等は、以前に比べると生育過程で自然に体験することができなくなっていると考えられる。こうした体験は青少年のいわゆる「生きる力」等の育成に効果的だと考えられているため、体験活動のプログラムを通じて、様々な体験を青少年に意図的・計画的に提供することが求められている。ここでは、体験が「自然に（意図せずに）できること」から「わざわざ（意図的に）させること」へと変化したということもできる。

　また、体験が「わざわざさせること」になったということは、家庭環境等によって、様々な体験の機会に恵まれた子どもと、そうではない子どもとの格差が生じやすい状況になっているということでもある。社会教育における体験活

動の提供を考える際には、こうした格差の是正という問題についても配慮することが重要である。

## 2．体験的な学習の特性とプログラム編成の原則

### (1)　「何をするか」よりも「何のためにするか」から考える

　学習プログラムとしての体験活動の特性として、目指される学習内容と、実際の活動内容とが直接的には対応しにくいということがあげられる。理科の授業の中で行われる実験や観察のプログラム等のように、特定の知識の習得を目指して行われる活動であれば、個々のプログラムの中で想定される学習内容は明確であろう。しかし、社会教育関連の事業で多く見られるのは、自然体験や生活体験等を通じて、コミュニケーション能力や主体性といった全人的な人格形成を目標にして行われるプログラムである。例えば青少年教育施設等で行われる登山のプログラムにおいては、多くの場合、プログラムを通じて目指されているのは登山に関する知識やスキルの習得ではなく、達成感や忍耐力の向上、グループづくり等が目指されるのが一般的である。こうした場合、登山に関する個々の活動内容と目指される学習内容は直接的には対応しているわけではない。同じ登山プログラムであっても実施方法やスタッフのかかわり方によって参加者の学びは異なるものになるし、達成感や忍耐力等が育まれるのであれば、学習プログラムとしては登山以外の活動でもよいことになる。

　体験活動においては、個々の体験は手段にすぎないのであって、「何をするか」は「何のためにするか」（提供側の教育目的）に応じて設定されるべきものである。しかし、実際には、「何のためにするか」が不明確なまま「何をするか」だけが設定されてしまっていることも少なくない。例えば、放課後子ども教室等で、「子どもに昔遊びを教えたいのだが、なかなか盛り上がらない」という声を聞くことがあるが、この場合も、昔遊びをすること自体を目的にするのではなく、昔遊びを通じて子どもたちにどんな学習が期待されるかが意識され

る必要があろう。放課後子ども教室の理念からすれば、子どもが興味のない昔あそびをするよりも、ボランティアが子どもたちに教えてもらいながら一緒にテレビゲームを楽しむ方が有意義であるかもしれない。このように体験活動のプログラムを編成する場合においては、「何のためにするか」を土台に、活動内容をアレンジしていくことが求められる。なお、「何のためにするか」の設定については、活動の条件（日程、場所、予算、人数、参加者の属性）や、プログラムの前提となる理念（法制度や中長期計画、主催団体のミッション等）を考慮しながら、具体的かつ達成可能な目標にすることが重要である。

(2)　活動の「結果」よりも「プロセス」に注目

「何のためにするか」を考えることは、プログラムの企画段階だけではなく、実施・評価の段階においても重要となる。

　この点については、「活動の結果よりもプロセスに注目する」ことの重要性が指摘されてきた。例えば、登山のプログラムであれば、行程の中で、一人一人の参加者がどのような体験をするかが重要なのであって、「予定通りに山頂に到着すること」が重要なのではない。もちろん、山頂に到達することで得られる達成感もあるであろうが、状況によっては山頂まで行かずに途中で引き返す方が参加者にとっての有意義な学びの機会になる可能性もある。

　また、体験活動プログラムにおいては、目指される学習内容と、実際の活動内容が直接的には対応しない場合が多く、学習成果の評価が困難であるという特徴がある。どのような体験によって、どのような学習が生じるかを特定するのが困難であり、同じプログラムに参加しても何を学ぶかは参加者によって異なることも多い。また、学習の成果がすぐに生じるとは限らないという問題もある。すなわち、体験活動は教育的な目的のもとに組織化・構造化された体験であるとはいえ、体験を通じた参加者の学びをコントロールしにくい（だからこそ多様な学びが期待されてきたという面もある）のである。こうした状況に

おいては、プログラムを通じた明確な学習成果を求めることは、プログラムを柔軟性を欠いたものにしかねない。プログラムの運営・評価の各段階においては、参加者が「何をしたか」よりも、活動のプロセスの中で参加者にどのような気付きや学びのきっかけが提供できている（いた）かに注目していくことが重要であろう。

## 3．学習プログラム編成上の留意点

　上記の原則に加えて、体験活動の学習プログラムを編成する上での留意点として、以下の5点があげられる。

### (1)　参加者の興味に基づく

　参加者が活動に興味を持っているかは、プログラムが有意義なものとなるための基礎的な条件である。参加者が「やってみたい」と思って活動に取り組んでいるかによって、体験の質は大きく変わる。もちろん、参加者がやりたい活動だけを提供すればよいというわけではないが、参加者の興味を出発点として、徐々に興味を広げたり、深めたりできるプログラムが望ましい。この点については、冒頭にその活動の面白さを実感できるような要素を取り入れたり、やさしい活動から徐々に難しい活動になるような進行をしたりといった工夫が考えられる。また、個人またはグループ単位で何をするかを参加者が決められたり、選択できたりするプログラムも、参加者の興味に合わせた活動を展開しやすくなる。

### (2)　苦手な参加者・初めての参加者に合わせる

　多くの場合、参加者ごとにできることには差がある。特に「自分だけができない／分からない」といった状況は、参加者にとって不安の大きいものである。できないことへのチャレンジを促すことも大切だが、参加者の不安や緊張の強

いプログラムの序盤では、一人一人がきちんと活動に参加できるような配慮をしたいものである。特に、定期的に継続する活動等では、慣れている参加者と初めての参加者との差が出やすいため、初めての参加者が無理なく入っていけるような説明や内容にすることが大切である。

（3）　活動を詰め込み過ぎない

　体験させたいことが沢山あると、ついつい活動を詰め込んでしまいがちになる。しかし、せっかくの体験活動が忙しいものとなっては、参加者にとっても嬉しくないであろうし、そもそも 一つ 一つの活動にじっくり取り組めなくなってしまう。繰り返し述べてきたように、そもそも「何をするか」は参加者に働きかけるための手段でしかないから、目的に応じて活動を精選していくことが大切である。また、休憩や自由時間がほとんど用意されていないプログラムを見かけることがあるが、参加者の体力面、安全面を考慮する意味でも、また、参加者が自分のペースで自由に活動できる時間を確保する意味でも、こうした「すき間」の時間がきちんと設定されているかも確認しておく必要がある。

（4）　起承転結を意識する

　一つのプログラムは、一般に複数の活動（アクティビティとも呼ばれる）の組み合わせによってできているため、プログラムを立案する際には、どのような活動をどのような順番で組み合わせるかが重要となる。初参加者が多く、参加者の緊張感が高いことが想定されるのであれば、中心的な活動に入る前に、緊張感を解いたり、お互いが知り合えるような活動（アイスブレイキング、ice breaking）を取り入れるのが有効であるし、体験を通じて学んだことを意識させるのであれば、活動の後に感想を言い合う等、その活動を振り返る時間を取ることが有効である。プログラム全体の流れを意識して、より効果的に目的が達成できるように活動を配置していくことが大切である。

⑸　安全・安心が守られる

　安全に活動が行われることは、体験活動を行う上での絶対条件である。活動に伴うリスクを最小限に抑えるとともに、実際に事故が起きた時の対応をきちんと想定しておく必要がある。学習プログラムの編成段階においては、大きな事故をいかにして未然に防ぐかが重要となるため、実施場所に危険な場所がないかを確認したり、近隣の医療機関を調べておくといった事前準備が重要になる。また、物理的な「安全」だけでなく、心理的に「安心」できる環境であることが結果として「安全」にもつながる。参加者が安心して活動できる環境づくりを心がけたいものである。

## 4．学習プログラムを運営するための組織づくり

　体験活動の実施・運営は、組織的に行われることが一般的であり、プログラムを効果的かつ効率的に実施・運営するためにも、その基盤となる組織の力を高めておくことが重要になる。

　こうした組織づくりのためにできることとして、以下の3点があげられる。

　第1に、プログラムの目的を共有することである。体験活動においては「何をするか」よりも「何のためにするか」が重要であるが、せっかくプログラムの目的を設定しても、それが指導者の間で共有できていなければ意味がない。準備段階においては、何のために、何を目指してプログラムを行うのかということについて、組織の中できちんと共通理解をしておく必要がある。

　第2に、スタッフの役割を明確にすることである。比較的規模の大きいプログラムの運営では、指導者の間で役割分担が行われることが一般的である。こうした役割分担は、プログラム運営の質を高めるだけでなく、事故やトラブルが起きた際に適切に対応し、指揮系統とそれぞれの責任の範囲等を明確にしておくことにもつながるものである。特にボランティアの指導者が多く含まれる組織においては、責任や裁量が不明確になりがちになるため、こうことに

特に留意しておく必要がある。

　第3に、プログラムの実施に必要な知識やスキルに関するトレーニングを行うことである。様々なプログラムを運営していく上では、それぞれに関連したスキルが必要であるし、参加者との「かかわり」についての専門性も求められる。危険を伴うプログラムにおける安全管理や、障害のある子どもたちに対する支援といった場面では、スタッフ側に一定の知識やスキルがなければ、プログラムの実施すらできなくなってしまうため、各指導者がプログラムに応じて事前に適切なトレーニングを受けておく必要がある。組織内で行うトレーニング以外にも、青少年教育施設・団体等によって様々な指導者研修の機会も提供されている。

　「トレーニング」というと、実践を離れた場での「研修」のイメージが強いかもしれないが、指導者のトレーニングを考える時、大切になるのは、プログラムの実施・運営に参加すること自体が一つのトレーニングの場となるということである。企画段階の会議から、事後の評価までのすべてのプロセスが、指導者にとっては経験を積み重ね、学びやトレーニングの場となりうるものになるから、そうした視点でプログラム全体が運営されることが大切だろう。

　また、実践の中での学びを有意義なものにするためには、指導者自身の「振り返り」の機会が不可欠である。自分の経験を評価したり、振り返る機会を定期的に設けることが大切であるし、振り返りを促したり、適切な助言をしたりできるスーパーバイザーの存在が重要になる。

　体験活動のプログラムは、高校生や大学生といった成長過程にある青年がボランティアとして指導者になることも多いため、こうしたトレーニングや振り返りを通じて、指導者自身も成長していくという視点は、体験活動のプログラムにおいて特に大きな意味を持つものと言える。

## （第5節）サービス・ラーニングを導入した学習プログラム

### 1．社会教育におけるボランティア活動の支援

　サービス・ラーニング（Service-Learning）を導入した学習プログラムの在り方について考えるためには、その前提として、社会教育におけるボランティア（volunteer）活動の支援について理解しておくことが重要である。

　1990年代以降、社会教育の領域では、ボランティア活動の支援が注目されるようになった。ボランティア活動の要素として、①自発性、②無償性、③公共性、④先駆性などがあげられることがあるが、"volunteer" がもともと「志願兵」を意味する言葉であることからも分かる通り、本来、ボランティア活動は①自発性を基礎とした概念であると言える。その意味では、「ボランティア（活動）」という言葉が注目される以前から、社会教育は様々な場面でボランタリー（voluntary）な活動と関連してきたと言えるが、ボランティア活動への社会的な関心の高まりとともに、ボランティア活動の支援が政策的にも推進されるようになっていった。

　社会教育の領域で、ボランティア活動の支援が行われるのは、こうした自発的な活動としてのボランティア活動のプロセスの中に、様々な点で生涯学習との関連が見られるためである。1992（平成4）年の生涯学習審議会答申『今後の社会の動向に対応した生涯学習の振興方策について』は、生涯学習とボランティア活動とのかかわりを捉える視点として、①ボランティア活動そのものが自己開発、自己実現につながる生涯学習となるという視点、②ボランティア活動を行うために必要な知識・技術を習得するための学習として生涯学習があり、学習の成果を生かし、深める実践としてボランティア活動があるという視点、③人々の生涯学習を支援するボランティア活動によって、生涯学習の振興が一層図られるという視点の3点をあげている。

　こうした生涯学習とのかかわりを踏まえ、社会教育の領域では、ボランティア

の学習者としての側面が注目されてきた。例えば、社会教育施設などでは、ボランティアに活動の機会を提供したり、ボランティア活動をしたい人を対象とした養成・研修プログラムを実施したり、ボランティア自身が活動を通じて学んだことを振り返る機会を提供したりすることを通じて、ボランティアが活動しやすい環境を整備し、その中でボランティア自身が何かを学んだり、成長したりすることを支援することは、施設の重要な役割の一つであると言える。博物館で展示解説のボランティアがいることや、体験活動においてボランティアの大学生や高校生が指導者として活動することなどは、来館者や参加者のためだけではなく、ボランティア自身のためでもあるということである。

　このようにボランティアの学習者としての側面を重視する上では、ボランティア活動への参加を強制することや、ボランティアを人手不足を解消するための「安上がりな労働力」と見なすような、ボランティアの学習や成長を軽視するような活動とならないように配慮することが大切にされてきた。

## ２．サービス・ラーニングとは

　ここまで見てきたように、ボランティア活動は、ボランティア自身の学びや成長につながるものであり、社会教育においては、こうした視点から伝統的にボランティア活動の支援が重視されてきた。

　「サービス・ラーニング」とは、こうしたボランティア活動等の社会貢献活動を学習プログラムとして教育的に利用しようとする取組である。ただし、ボランティア活動と違って参加者の自発性を前提するものではなく、むしろ前節で述べた体験学習のプログラムの一つとして捉えることができる。[20]

　サービス・ラーニングという場合には、ボランティア活動の教育的な意義を踏まえつつ、より積極的に教育プログラムの一つとして組織化・構造化しようとするものを指す場合が多い。大学や高校等での、とりわけ正課の教育活動の中に位置付くものを指す場合が多いが、社会教育事業の中でこうした活動を取

り入れた事例も見られる。[21]

　ジャコビー (Jacobee, B.) は、サービス・ラーニングのキーワードとして「省察」と「互恵」をあげている。[22]

　「省察」は、サービス・ラーニングがボランティア活動とは異なり、教育のためのプログラムであることと関連している。すなわち、社会貢献活動をしただけで終わらせずに、活動の振り返りを通じて、参加者が自分の経験を意味付け、自らの学びを意識するプロセスが重視されている。

　「互恵」は、サービス・ラーニングが「教育」の枠内には収まらない取組であることと関連している。すなわち、サービス・ラーニングは参加者にとっては「学習の場」であると同時に「社会貢献の場」であり、従来の「実習」や「インターンシップ」に比べ、参加者と受入先双方のメリットを同時に実現することが目指される。[23]

　社会教育とのかかわりとしては、公民館等の学習プログラムにサービス・ラーニングを導入することと同時に、社会教育施設や社会教育団体が大学等の実施する事業の受入先になることも想定される。

## 3．サービス・ラーニングにおける学習

### (1)　知識の習得との関係

　サービス・ラーニングを導入する目的については、想定される知識の習得との関係で二つのタイプが考えられる。

　第1のタイプは、学ぶべき知識がすでに設定されており、学んだ内容を実践の中でより深めるために社会貢献型のプログラムが配置されている場合である。例えば、法律を学ぶ学生が、習得した内容をもとに地域の中で法律相談を行うこと等が考えられる。

　第2のタイプは、特定の知識の習得を目的とせず、学習意欲やコミュニケーション能力の向上等を目的に行われる場合である。この場合、多様な成長につな

がることが期待される一方で、目的が抽象的で学習成果が曖昧になりやすいというデメリットもある。このタイプのサービス・ラーニングの教育的効果としては、大学のカリキュラムの一環として実施されたプログラムにおいて、①自己成長と自己課題の発見、②社会課題への関心の高まりと自発的なボランティア活動への参加意欲の向上、③自分自身の生き方や卒業後の進路への影響、などが報告されている(24)。また近年、社会の構成員としてのシチズンシップ（市民性）の育成ということが大きな課題となっており、第2のタイプのサービス・ラーニングにおいては、シチズンシップをどのように育んでいくかという視点は、特に重要な意味を持っていると言える。

(2) 事前学習と事後学習

サービス・ラーニングでは、事前学習と事後学習の機会が設定されることが一般的である。

事前学習においては、上記の第1のタイプの場合、講義等を通じた知識の習得が中心となる。この場合、教室で学ぶ内容と、活動を通じて学ぶ内容が相互に関連していることが重要である。

第2のタイプの場合でも、事前に参加する活動についての理解を深めたり、活動の目標を設定するなど、活動への動機付けになるような機会があることが望ましい。また、活動中のリスクマネジメントに関する学習なども重要である。

事後学習においては、活動の振り返りが中心となる。「省察」は活動と学習をつなぐ要であるから、他の参加者や受入先からのフィードバックを取り入れる等、多様な視点から活動を振り返ることができるような支援が望ましい。また、プログラムに参加した他の参加者の経験を聞くということも、自分の活動をより深く振り返るためのきっかけとして有効である。

また、サービス・ラーニングでの活動がきっかけとなり、プログラム終了後はボランティアとして受け入れ先とのかかわりを継続するといったケースも見

られるが、サービス・ラーニングの趣旨からしても望ましい展開であると言える。こうした場合は、本人への支援だけでなく、プログラム終了後にボランティアとして継続的に活動しても差し支えないと事前に伝えておくことや、どこまでがサービス・ラーニングで、どこからがボランティア活動であるかの区切りを明確にしておくことなどが重要になる。

　サービス・ラーニングにおいては、学習成果の評価の困難さが指摘されることも多いが、評価は参加者・実施機関の双方にとって「省察」の一部でもある。自己評価や相互評価、アンケートの実施などを含めて多様な評価の視点を用意することが重要であろう。

## ４．サービス・ラーニング導入の留意点

### （1）　実施体制の構築

　サービス・ラーニングは、単独の機関で実施するのではなく、多様な機関の連携によって実施される場合が多い。提供できる活動内容が連携先に依存する場合が多く、様々な機関・団体とのネットワークの構築がプログラム実施の前提となる。

　ネットワークの構築については、実施機関が単独で連携先を探す以外に、中間支援団体と連携する方法もある。特に大学等と社会教育機関との連携については、社会教育主事がコーディネーターとしての機能を果たすことも考えられる。

　すでに見たように、こうしたプログラムを継続的に実施していくためには、個々の活動が、参加者にとっても、それぞれの機関にとっても意味のあるものになっているかが重要な意味を持つ。とはいえ、高校や大学等で実施するサービス・ラーニングにおいては、自ら希望して参加することが多いボランティア活動に比べると、活動に対する意欲が低い参加者がいる可能性も高くなりがちであり、様々なトラブル等への対応が必要になる場合も考えられる。いずれの

場合においても、プログラムをより充実したものとするためには、プログラムの目的や、参加者の情報等を実施機関と連携先が十分に共有し、定期的に情報交換をしながら進めていくことが重要であろう。

### (2) 自発性と支援の両立

すでに見たように、サービス・ラーニングはボランティア活動とは異なるものであり、必ずしも参加者の自発性を前提とするものではないが、ボランティア活動の持つ教育的意義を最大限に活用するためにも、できるかぎり参加者の自発性を重視した運営がなされることが重要である。学校教育においては、必修科目で導入するかは議論が分かれるところであろうし、参加者が複数の活動の中から参加する活動を選択できる方が望ましい。一方で、もともと意欲の低かった参加者がサービス・ラーニングをきっかけに大きく成長することもあり、これはボランティア活動とは異なる教育プログラムの強みとも言える。こうした場合には、参加者に対する事前学習から事後学習までの継続的な支援が特に大きな意味を持つのであり、自発性と支援のバランスを意識したプログラムの運営が求められる。

## 第6節 地域人材養成・研修プログラム

### 1.「地域人材」が求められる背景

近年、「地域人材」という言葉が社会的に頻繁に用いられている。現状、その厳密な定義は存在せず、また厳密な定義が必要とされているのかということについても定かとは言えないが、この言葉が用いられる背景として次の2点を指摘することができるであろう。

1点目は、「地方創生」や「地域再生」にかかわる主張や提案・提言の中で、その担い手の量的・質的充実が求められているという点である。国の政策としての地方創生は、2014（平成26）年9月の閣議決定により「まち・ひと・しごと

創生本部」が設置され、同年12月の「まち・ひと・しごと創生法」施行以来進められてきているが、その中で2015（平成27）年12月には同本部において「地方創生人材プラン」が策定され、さらに2019（令和元）年5月には同本部に設置された「人材・組織の育成および関係人口に関する検討会」が中間報告をまとめている。

　2点目は、そのような地方創生や地域再生の担い手が特定の社会的立場に限定されるのではなく多様な担い手が想定されており、多称な担い手がかかわることで複合的な課題の解決が目指されているという点である。例えば国レベルにおいても、文部科学省はもちろん、総務省や厚生労働省、農林水産省、経済産業省、国土交通省（観光庁）、環境省などで人材養成・研修に関する事業が展開されており、それぞれの人材の社会的立場も多様である。「地域人材」という言葉はそのような多様な人材を包括するものとして使用されており、多様な地域人材に共通して求められる資質・能力に注目しつつ、各人材の固有領域の専門性も重視されている。そして、多様な地域人材からなるネットワークによって課題解決を図っていると考えられる。

　地域人材の養成・研修にあたっては、まず以上の2点について理解しておく必要がある。


## 2．地域人材養成・研修の全体像

　養成・研修の具体的なプログラムを検討するにあたり、まずは各地域・各機関で展開されている養成・研修の全体像を確認しておく。

　前出の「地方創生人材プラン」においては、「地方創生人材」が次のように区分されている。

　① 機能による区分
　　・地方公共団体も含め、地域の戦略を策定し、戦略全体を統合・管理する

　人材

　　・コミュニティにおいてリーダーシップを発揮する人材

　　・個別分野において地方創生関連事業の経営に当たる人材

　　・現場の第一線で中核的に活躍する人材

②　フェーズによる区分

　　・戦略策定前段階において、住民・関係者間の合意形成を図っていくうえで、知的相互作用や協働を促進させる役割等を担う人材（＝「ファシリテーター」）

　　・住民・関係者間の合意形成に基づき、専門的知識・技能を活用して事業化するための計画にまとめる役割等を担う人材（＝「プランナー」、「クリエーター」）

　　・組織化を進めて具体的に事業を実行に移していく役割等を担う人材（＝「オーガナイザー」）


　その上で、地方創生人材の養成・確保の方向性としては、「発信力の強化、機運醸成・連携強化」、「育成・研修の充実、環境の整備（eラーニング形式の地方創生カレッジ、個別分野における養成カリキュラムの確立、地方創生人材支援制度の充実）」、「キャリアパス（career path）の形成」などがあげられている。これらの人材が別個に存在するとは限らないが、養成・研修においてはそれぞれの区分を意識しながらプログラムを設定することが求められていると考えられる。

　また、前出の「人材・組織の育成および関係人口に関する検討会」中間報告においては、「地方創生を担う主体の多様性を改めて認識し、それらの連携を促すとともに、住民の主体的な取組を促すため、地域づくりについて学び合うことができる社会教育施設や、学びの成果と活動をコーディネートできる社会教育主事といった既存の施設・人材の連携」、「地域社会の重要な担い手である地

方公務員の役割」が注目されているほか、高等学校の役割にも言及されている。ここでは、地域人材の養成・研修における「教育」分野及びその担い手の役割が重視されているとともに、地域人材の中に教育人材をどのように位置付けていくのかいうことが改めて問われていると言える。

　以上のことをふまえつつ、ここではまず、プログラムの企画・実施・評価にかかわる人たちの「地域性」について確認しておく。<sup>(25)</sup>

　地域人材の養成・研修においては、地域づくり・地域おこしの取組を研究対象とする研究者や、特定の地域あるいは全国各地で地域づくり・地域おこしの取組にかかわっている人などがおり、講師やコーディネーターが複数の地域で重複することも珍しくない。また、近年は、地域におけるいわゆる「よそ者」の存在意義が強調されることも多く、自然環境・社会環境の大きな変化の中で地域性の捉え方自体がますます複雑化していることなども考慮しなければならないと思われる。

　ここで重要になるのは、地域＜内＞の支援者と地域＜外＞の支援者との関係づくりであろう。加えて、地域＜内＞の支援者と地域＜内＞の学習者との関係や、地域＜外＞の支援者と地域＜内＞の学習者との関係、さらに場合によっては地域＜内＞の支援者と地域＜外＞の学習者との関係にも目を向ける必要があり、その点をプログラムにどのように反映させるのかということが問われることになる。

　また、地域人材の多様性とかかわって、地域の課題解決をどのような方針で進めていくのかという点についても、養成・研修の前提として明確にする必要がある。例えば、地域の課題解決において「非専門家ないし住民による相互扶助的な共通・共同問題の共同処理」と「専門家・専門機関による共通・共同問題の専門的な共同処理<sup>(26)</sup>」のいずれが適切であるのか、両者を組み合わせた課題解決は具体的に誰が・どのように担うのかというようなことについての方針が、実際の養成・研修に反映されていることが求められる。

## 3．プログラムの企画・実施・評価の基本的な考え方

　上述の通り、地域人材は多岐にわたり、行政か民間（非営利／営利）か、フルタイムかパートタイムか、特定の活動拠点を持つか否か、具体的に誰に対してはたらきかけるのかなど、様々な分類が可能である。また、実際に各地で展開されている養成・研修プログラムもまた多岐にわたっているが、その企画・実施・評価について共通して押さえておくべきことが2点ある。

　1点目は、一つのプログラムの中で参加者が身に付けることのできる知識・技術は、プログラムの企画・運営者が通常想定（期待）する以上に限定的であるという点である。近年の養成・研修プログラムは半日～1日、長くても1泊2日という日程のものが大半を占めているが、1泊2日といっても特に遠方からの参加者が多く宿泊を前提とするならばプログラムの実施時間は10時間に満たない場合が多い。これが大学の一般の半期1コマ（2単位）の半分以下の時間であることをふまえても、プログラムの内容の体系性を保つこと自体が容易ではないのである。

　そのように考えると、プログラムの企画にあたってその実施時間の中での完結性を重視したり、テーマを一つに限定して集中的なプログラムを組んだりすることが適切かどうかという問題にも目を向ける必要がある。長期間あるいは連続・シリーズのプログラムを実施することが企画・運営者の側にとっても参加者の側にとっても現実的ではなくなってきており、当該プログラムで完結させようとする発想が当該プログラム以外の機会での知識・技術の獲得の場面を軽視しているとも言える。

　そこで2点目であるが、当該プログラムをその他の養成・研修プログラムさらには様々な場面と連動させなければ、当該プログラムの成果（アウトプットよりもむしろアウトカム）を正当に評価することは難しいという点である。社会教育に限らずどのような養成・研修プログラムについてもその内容の実践への応用性が何よりも重視されることは当然と言えるが、一方でその実践への応

用性が当該プログラムのみで発揮されるものではないという点に留意する必要がある。

　具体的な問題としては、当該プログラムで取り上げられた知識・技術のブラッシュアップ（磨きをかけること、brushup）を誰がどのような形で支援・保証するのかということがあげられる。当該プログラムが終了してしまえばあとは自己研鑽にゆだねるしかない、あるいはゆだねるべきだという発想から一歩進んで、そのブラッシュアップの長期的なプロセスを、プログラムの企画・運営者も参加者も検討する必要がある。それにより、その地域が求める地域人材の育成と確保が可能になると考えられる。

## ４．プログラムの企画・実施・評価の具体的なポイント

### ⑴　誰が企画・実施・評価に関与するのか

　行政や各種団体が実施する研修においては、職務分掌として養成・研修担当が置かれていたり、研修委員会のような合議組織がプログラムを企画・運営したりするという場合は少なくないが、その中にプログラムの参加者が加わっている場合もある。これは単に参加者のニーズをプログラムに反映させるという意味だけでなく、参加者にとっては当該プログラムで取り上げられるテーマについての学習の一部として位置付けることも可能である。ただし、参加者が必ずしもプログラムの企画・運営にかかわることができる力量を備えているとは限らないので、プログラムの主催者側で企画・運営のノウハウがどこまで蓄積・発揮されているのかという問題も見落としてはならない。

### ⑵　何をテーマとして取り上げるのか

　養成・研修プログラムのテーマは、次の三つに大別できるであろう。一つ目は、地域（地域づくり・地域おこし）に関する基礎知識であり、年度はじめや初任者対象のプログラムを中心に、多くの養成・研修プログラムに必ずと言っ

てよいほど含まれているテーマである。二つ目は、地域の課題解決に関する具体的な知識・技術であり、プログラムの実施主体によっても顕著な違いが見られるテーマである。三つ目は、地域の課題解決のための住民等へのはたらきかけ方に関する具体的な知識・技術である。ともすればこれらのテーマを網羅するのかいずれかに特化するのかという視点からテーマの選択作業がはじまる場合も少なくないが、あくまでもそれぞれのテーマの必然性を天秤にかけながら当該プログラムに組み込んでいくことが重要であろう。

(3)　どのような手法で実施するのか

　プログラムの手法の設定について取り上げられるトピック（topic）としては、例えば遠隔学習を取り入れるのか、講義形式と演習形式のどちらに比重を置くのか、演習であれば討議や実習など具体的にどのような活動を含めるのか、シンポジウム／パネルディスカッション／フォーラムなどではどれを選択するのかというようなことがあげられる。また、プログラムのテーマとして学習者の指導・支援に関する具体的な知識・技術が取り上げられる場合には、それがそのままプログラムの手法として取り入れられることも少なくない。

　加えて、学習者同士の交流を深めることも重要である。情報交換会や懇親会などの名称で実施されたり、アイスブレイクなどの名目で実施されたり、参加者同士の関係づくりは養成・研修プログラムの成果の広がり・発展という観点からは軽視できない。ただし、様々なコミュニケーションツールが開発され日常的に使用されている環境において、そのような場面の意義ができるだけ発揮されるための企画・運営者の工夫が求められる。

## (第7節) 学び続ける教員のための研修プログラム

　本節では、学び続ける教員を支援するために都道府県単位で整備された教員育成指標と研修体系を概観し、生涯を通じた職業能力の向上を目指す研修プログラムの在り方を検討する。

### 1．教員の研修とその実施体系

　教員の研修については、教育基本法第九条に「法律に定める学校の教員は、自己の崇高な使命を深く自覚し、絶えず研究と修養に励み、その職責の遂行に努めなければならない。」とされている。また、公立学校の教員の研修に限れば、教育公務員特例法に規定されており、第二十一条に「教育公務員は、その職責を遂行するために、絶えず研究と修養に努めなければならない。」とされるとともに、「研修を受ける機会が与えられなければならない」（第二十二条）とされている。

　ここで言う研修には、国、都道府県等の教育委員会、市町村の教育委員会等が行う研修、学校が行う研修、団体・グループが行う研修、教員個人の研修などがある。このうち、都道府県等の教育委員会が行う研修には、法定研修（初任者研修、中堅教諭等資質向上研修）に加え、教職経験に応じた研修、職能に応じた研修（生徒指導主事研修、新任教務主任研修、校長・教頭研修など）、専門的な知識・技術に関する研修（教科等の指導、生徒指導等に関する専門的研修）、長期派遣研修などがある。教員の研修では、教職経験や専門性に応じた研修等が体系的に整備されている。

### 2．教員育成指標と学び続ける教員

　2017（平成29年）4月、教育公務員特例法の改正施行により、公立の学校の校長及び教員の任命権者は、「地域の実情に応じ、当該校長及び教員の職責、経

験及び適性に応じて向上を図るべき校長及び教員としての資質に関する指標を
定める」（第二十二条の三）こととされ、また、この「指標を踏まえ、当該校長
及び教員の研修について、毎年度、体系的かつ効果的に実施するための計画を
定める」（第二十二条の四）ことになった。この指標は、一般的には教員育成指

表4-5　教員の研修に関する主な法規定

教育基本法
（教員）
第九条　法律に定める学校の教員は、自己の崇高な使命を深く自覚し、絶えず研究と修養に
励み、その職責の遂行に努めなければならない。
2　前項の教員については、その使命と職責の重要性にかんがみ、その身分は尊重され、待
遇の適正が期せられるとともに、養成と研修の充実が図られなければならない。
　教育公務員特例法
（研修）
第二十一条　教育公務員は、その職責を遂行するために、絶えず研究と修養に努めなければ
ならない。
（研修の機会）
第二十二条　教育公務員には、研修を受ける機会が与えられなければならない。
（校長及び教員としての資質の向上に関する指標の策定に関する指針）
第二十二条の二　文部科学大臣は、公立の小学校等の校長及び教員の計画的かつ効果的な資
質の向上を図るため、次条第一項に規定する指標の策定に関する指針（以下「指針」とい
う。）を定めなければならない。
（校長及び教員としての資質の向上に関する指標）
第二十二条の三　公立の小学校等の校長及び教員の任命権者は、指針を参酌し、その地域の
実情に応じ、当該校長及び教員の職責、経験及び適性に応じて向上を図るべき校長及び教員
としての資質に関する指標（以下「指標」という。）を定めるものとする。
（教員研修計画）
第二十二条の四　公立の小学校等の校長及び教員の任命権者は、指標を踏まえ、当該校長及
び教員の研修について、毎年度、体系的かつ効果的に実施するための計画（以下この条にお
いて「教員研修計画」という。）を定めるものとする。
（協議会）
第二十二条の五　公立の小学校等の校長及び教員の任命権者は、指標の策定に関する協議並
びに当該指標に基づく当該校長及び教員の資質の向上に関して必要な事項についての協議を
行うための協議会（以下「協議会」という。）を組織するものとする。

標と呼ばれている。

　教員育成指標の策定が義務付けられることになった背景の一つに、学び続ける教員像の確立が求められていることがある。教員は生涯にわたって学んでいく必要があるということは一般的には理解されてきたが、「学び続ける教員像」の確立について初めて提言がなされたのは、中央教育審議会答申『教職生活の全体を通じた教員の資質能力の総合的な向上方策について』（2012（平成24）年8月）である。この答申において、「教員は、教職生活全体を通じて、実践的指導力等を高めるとともに、社会の急速な進展の中で知識・技能が陳腐化しないよう絶えざる刷新が必要であり、「学び続ける教員像」を確立する必要がある。このような教員の姿は、子どもたちの模範ともなる。」とされた。また、このような学び続ける教員を支援するために、「教員になる前の教育は大学、教員になった後の研修は教育委員会という、断絶した役割分担から脱却し、教育委員会と大学との連携・協働により教職生活全体を通じた一体的な改革、学び続ける教員を支援する仕組みを構築する必要がある。」という内容も示された。ここに、教員の養成、採用、研修の各段階を一体的に捉えた教員の資質向上のための学びを支援していくことが求められるようになった。

　さらに、中央教育審議会答申『これからの学校教育を担う教員の資質能力の向上について 〜学び合い、高め合う教員育成コミュニティの構築に向けて〜』（2015（平成27）年12月）は、教員の養成、採用、研修の各段階において教員に求められる資質を示す教員育成指標の策定を提言した。この答申では、教員育成指標の策定について、**表4-6**のように示されている。この答申を受けて教育公務員特例法が改正され、校長及び教員の任命権者には、教員育成指標の策定と、それに対応させた研修計画の策定が義務付けられた。

## 3. 教員育成指標に対応した教員研修の体系と研修プログラム

　独立行政法人教職員支援機構の調査によると、2018（平成30）年3月まで

## 表4-6　教員育成指標の策定に関する記述

＜教員育成指標の策定＞
◆ 高度専門職業人として教職キャリア全体を俯瞰しつつ、教員がキャリアステージに応じて身に付けるべき資質や能力の明確化のため、各都道府県等は教員育成指標を整備する。
◆ その際、教員を支援する視点から、現場の教員が研修を受けることで自然と目安となるような指標とする。
◆ 教員育成指標は教員の経験や能力、適性等を考慮しつつ、各地域の実情に応じて策定されるものとする。
◆ それぞれの学校種における教員の専門性を十分に踏まえつつ、必要に応じ学校種ごとに教員育成指標を策定することとする。
◆ 各地域における教員育成指標の策定のため、国は各地域の自主性、自律性に配慮しつつ、整備のための大綱的指針を示す。
（中央教育審議会答申「これからの学校教育を担う教員の資質能力の向上について　～学び合い、高め合う教員育成コミュニティの構築に向けて～」（2015（平成27）年12月）より）

に、教諭についての教員育成指標は67の都道府県と政令指定都市のすべてで策定されている。教諭以外の教員育成指標では、校長については59、養護教諭は54、栄養教諭は53の都道府県と政令指定都市で策定されている。これに合わせて、58の都道府県と政令指定都市で研修体系・研修内容の見直し（一部見直しも含む）も行われている。

　ここでは、秋田県の例を取り上げて、教員育成指標と研修体系を見てみよう。秋田県では、秋田県教員育成協議会が2018（平成30）年3月に秋田県教員育成指標（図4-5）を策定し、教員研修体系を改訂した。また、2019（平成31）年3月には秋田県教員育成指標（養護教諭）と同（栄養教諭）が策定され、2019（平成31）年度以降の教員研修は、これらの教員育成指標に対応した研修体系で行われることになった。

　図4-5を見ると、次のような特徴が見られる。①高等学校を含めた養成段階、採用段階、研修段階の各キャリアステージの設定、②研修の段階を第1から第4までの四つのステージに区分、③秋田県の教育課題（ふるさと教育・キャリア

教育の推進、「問い」を発する子どもの育成、若手教員の指導力向上）に対応させて第1から第3ステージの各段階に求められる資質能力に関する指標の設定、④それらの資質能力を、マネジメント能力、生徒指導力、教科等指導力の観点から細分化、⑤第4ステージは、ベテラン教員と管理職を区分し、学校マネジメント力を中心に求められる指標をそれぞれの区分で設定、などがある。これらの指標に対応させて、図の右側に研修が配列されている。例えば、第3ステージのうち、採用11年目の教員を対象とした法定研修である中堅教諭等資質向上研修がある。秋田県総合教育センターのホームページによると、2019（平成31）年度は各校種別と養護教諭対象に、それぞれプログラムが用意されている（一部の内容は合同で実施）。このうちの小学校教員を対象とした研修プログラ
(28)
ムを見ると、研修の目標を「中堅教諭としての自覚や学校運営参画意識を高め、個々の能力、適性等に応じて必要な事項に関する資質の向上を図る。」とし、6月から翌年の1月までで計5日のプログラムとなっている。また、主な内容には「質の高い授業研究を継続的に進めていくための方略」、「教育活動全体を通じたキャリア教育」、「学校の危機管理」、「学校全体で取り組む情報教育」などがあり、このステージで策定されている教員育成指標に対応した内容が取り上げられている。また、これらは講義、協議、演習などの方法で行われている。

　最後に、このような教員研修の体系化と研修プログラムから考えられる、生涯を通じた職業能力開発のための研修の体系化とプログラム編成の留意点を述べておきたい。第一に、生涯にわたる職業能力の向上を考えれば、当該の職業や業務に就いてからの期間を経験年数等からいくつかのステージに分け、各ステージで求められる資質能力を明確にすることが必要である。その際、当該の職に従事する前の段階に備えておくとよい資質能力も、示されていることがのぞましい。第二は、それらの資質能力に対応した内容の研修を設定し、経験年数と専門性を考慮して研修の体系化を図ることである。第三に、テーマや内容に合わせて、多様な方法を取り入れた研修プログラムとすることがあげられる。

# 秋田県教員育成指標 ～秋田の未来と教育を支える人材の育成を目指して～

学び続ける秋田の教師

## 学校マネジメント力

- 組織運営力
- 教科等指導力
- 生徒指導力
- 人材育成力
- 管理職指導力・連携協力・関係活用力

### 人事交流を活用した資質能力の向上
- Ⅰ 他県等への人事交流
- Ⅱ 校種間の人事交流
- Ⅲ 大学附属学校園との人事交流
- Ⅳ 一般行政部門との人事交流

第Ⅰステージ

第Ⅱステージ

第Ⅲステージ

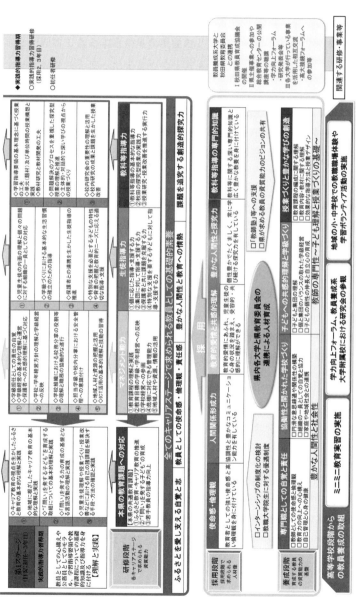

図 4−5　秋田県教員育成指標

秋田県教育委員会『秋田県教職員研修体系』2018（平成30年）3月（2019（平成31）年 3 月一部改訂），13頁

## 注

(1)　岡本包治「学習プログラム」、日本生涯教育学会編『生涯学習事典（増補版）』東京
書籍、1992（平成4）年（初版1990（平成2）年）、370～375頁。

(2)　坂本登「学習プログラム立案の方法」、岡本包治・坂本登・生住昭人・井上講四・緒
方良雄・高橋寛『学習プログラムの技法』実務教育出版、1988（昭和63）年、23～77
頁。

(3)　原義彦「社会教育計画の意義と内容」、浅井経子・合田隆史・原義彦・山本恒夫編著
『地域をコーディネートする社会教育―新社会教育計画―』理想社、2015（平成27）年、
71～75頁。

(4)　葛原生子「事業計画」、国立教育政策研究所社会教育実践研究センター編『社会教育
計画策定ハンドブック（計画と評価の実際)』同発行、2012（平成24）年、91～93頁。

(5)　岡本包治前掲書、注（1）掲書、370頁。

(6)　例えば、岡本包治「学習プログラム立案の手順と留意点」、岡本包治編著『学習プロ
グラム立案－立案・展開・評価－』ぎょうせい、1980（平成55）年64～82頁、菊地
龍三郎「学習のプログラミング」、伊藤俊夫・山本恒夫編著『生涯学習の方法』第一
法規、1993（平成5）年、79～102頁、原義彦「学習プログラム編成の手順」、山本恒
夫・蛭田道春・浅井経子・山本和人編著『社会教育計画』文憲堂、2007（平成19）年、
98～101頁など。

(7)　浅井経子「学習成果の活用支援」、浅井経子編著『生涯学習概論－生涯学習社会への
道－増補改訂版』理想社、2013（平成25）年（初版2010（平成22）年、179～188頁。

(8)　同、184～185頁。

(9)　同、185～186頁。

(10)　学習メニュー方式の考え方等については、例えば山本恒夫『21世紀生涯学習への招
待』協同出版、2001（平成13）年、116～122頁を参照。

(11)　金藤による定義を参考にした。白石克己、金藤ふゆ子、廣瀬隆人編『学習プログラ
ムの革新』、ぎょうせい、2001（平成13）年、108頁。

(12)　白石他、前掲書、110～111頁に基づく。

(13)　同上、118頁。

(14)　ピーター・H.ロッシ、マーク・W.リプセイ、ハワード・E.フリーマン著『プログ
ラム評価の理論と方法』日本評論社、2005（平成18）年、39頁。

(15)　ＭＥＣＥ（Mutually Exclusive,Collectively Exhaustive. ミッシー）のこと。

(16)　東京都杉並区立和田中学校の民間人校長だった藤原和博校長が立ち上げた、地域

の人々が学校支援ボランティアとして学校を支援する仕組。文部科学省の支援を受け全国に拡大し、またその後の地域学校協働活動につながった。藤原和博「公立校の逆襲」筑摩書房、2008（平成18）年　他参考。

(17)　例えば、入門編として渡辺健介『世界一やさしい問題解決の授業―自分で考え、行動する力が身につく』ダイヤモンド社、2007（平成19）年、同『世界一やさしい右脳型問題解決の授業』同社、2018（平成30）年。

(18)　この定義は、2008（平成20）年の中央教育審議会答申『次代を担う自立した青少年の育成に向けて』の中でなされたものである。

(19)　国立青少年教育振興機構『「子どもの体験活動の実態に関する調査」報告書』、2010（平成22）年、77頁。

(20)　ボランティア活動を教育的に利用しようとする取組は、従来から「ボランティア学習」と呼ばれることもある。関連して、2002（平成14）年の中央教育審議会答申『青少年の奉仕活動・体験活動の推進方策等について』では、「奉仕活動」を「自分の能力や経験などを生かし、個人や団体が支えあう、新たな「公共」に寄与する活動」、さらに具体的には「自分の時間を提供し，対価を目的とせず，自分を含め地域や社会のために役立つ活動」としてできる限り幅広く捉えた上で、その重要性が指摘された。ここでは、「奉仕活動」の語を用いることについて、「「奉仕活動」は押し付けの印象を与えることから、むしろ個人の自発性に着目し「ボランティア活動」としてとらえるべきではないか」という意見がある一方で、「青少年の時期には発達段階に応じて，教育活動として人や社会のために役立つ活動などを体験し，社会の一員としての意識や責任感を身に付けるようにすることも必要であり，そのようなことを考慮すると「奉仕活動」という用語が適当である」とする意見もあるとしている。

(21)　社会教育事業でのサービス・ラーニング導入の事例として、放課後子ども教室にかかわる人材育成をテーマにした四街道市の事例などがある。国立教育政策研究所社会教育実践研究センター『成人（中高年等）の地域への参画を促す学習プログラムの開発に関する調査研究報告書』、2012（平成24）年、80〜87頁。

(22)　バーバラ・ジャコビー、山田一隆訳「こんにちの高等教育におけるサービスラーニング」、桜井正成、津止正敏編『ボランティア教育の新地平―サービスラーニングの原理と実践』ミネルヴァ書房，2009（平成21）年（初版1996年）、55頁。

(23)　サービスラーニングにおいても、学習と社会貢献のどちらに重点があるかは実践ごとに多様であり、個々の用語の意味する分野は重複していることも多い。

(24)　木下直子「サービス・ラーニング実習―桐蔭横浜大学の例―」、田中暢子ほか編『実践で学ぶ！学生の社会貢献―スポーツとボランティアでつながる―』成文堂、2018（平

152

成30）年、283〜285頁。

(25)　松橋義樹「学習プログラムの支援者」、国立教育政策研究所社会教育実践研究セン
ター編『中高年等の地域への参画を促す学習プログラム集』（中高年等の地域への参画
を促す学習プログラムの開発に関する調査研究報告書）、2013（平成25）年、11〜12頁。

(26)　倉沢進「都市的生活様式論序説」、磯村英一編『現代都市の社会学』鹿島出版会、
1977（昭和52）年、25〜27頁。

(27)　独立行政法人教職員支援機構「平成29年度　公立の小学校等の校長及び教員として
の資質の向上に関する指標策定に関するアンケート調査結果（第4回）」、2018（平成
30）年5月17日、https://www.nits.go.jp/research/result/001/files/013_001.pdf（2019
年4月26日参照）。

(28)　http://www.akita-c.ed.jp/˜kouza/H31pdf/41%20A030.pdf（2019年4月26日参照）。

### 参考文献

• 浅井経子・合田隆史・原義彦・山本恒夫編著『社会教育経営論―新しい系の創造を目指
して―』理想社、2020（令和2）年

• 国立教育政策研究所社会教育実践研究センター編『社会教育経営論ハンドブック』、2020
（令和2）年

• 国立教育政策研究所社会教育実践研究センター編『生涯学習支援論ハンドブック』、2020
（令和2）年

• 国立教育政策研究所社会教育実践研究センター編『地域学校協働活動推進のための地域
コーディネーターと地域連携担当教職員の育成研修ハンドブック』、2017（平成29）年

• 日本生涯教育学会編『地域の再生と生涯学習』（日本生涯教育学会年報第36号）、2015（平
成27）年

# 第5章　社会教育教育施設における学習支援

## （第1節）公民館における学習支援

### 1．公民館とその現状

　まず、はじめに、公民館がどのような施設であるか、基礎的事項を見ておくことにしよう。

　公民館は、地域における総合的な社会教育施設であり、各種の学習支援にかかわる事業や地域づくり支援にかかわる事業を通じて、住民の生活課題、地域課題の解決等に寄与することを目的として、一部の都市を除いて全国に設置されている。社会教育法にその法的根拠がある。

---

　社会教育法第二十条
　公民館は、市町村その他一定区域内の住民のために、実際生活に即する教育、学術及び文化に関する各種の事業を行い、もつて住民の教養の向上、健康の増進、情操の純化を図り、生活文化の振興、社会福祉の増進に寄与することを目的とする。

---

　文部科学省が2015（平成27）年度に行った「社会教育調査」によれば、2015（平成27）年10月現在、全国に14,171館の公民館が設置されている。2000年代以降、公民館は減少傾向にあるが、同調査において、図書館が3,331、博物館が1,256であることと比較すると、その数は他を圧倒しており、公民館が地域において身近な生涯学習の施設であるということが分かる。

## 2. 公民館の役割—学習支援の役割と地域づくり支援の役割

　公民館には、学習支援の役割と地域づくり支援の役割がある。これらの役割が具体的にどのような内容を含んでいるかについて、国の答申類、告示等の三つの資料をもとに見てみよう。

　A　生涯学習審議会社会教育分科審議会施設部会報告『公民館の整備・運営
　　　の在り方について』（1991（平成3）年6月）に見られる公民館の役割

　この報告（以下、『施設部会報告』）は、公民館の役割を示している国レベルの資料としては年数が経過しているが、公民館の役割を網羅的に、かつ的確にまとめている。ここでは、施設部会報告の「3生涯学習時代における公民館活動の在り方」で公民館に期待されることとして次の項目があげられている。

---

　(1) 公民館活動の多様化・活発化
　　　①多様な学習機会の提供
　　　②自発的な学習活動の援助
　　　③学習成果活用の場の配慮
　(2) 学習情報提供・相談機能の充実
　　　①学習情報の提供
　　　②相談機能の充実
　(3) 地域活動の拠点としての役割
　(4) 生涯学習関連施設等との連携

---

　(1) ①は学習機会の提供、②は主に自主的、自発的に活動するグループ・サークルの支援である。③は、学習成果を発表する機会を設けることと、学習した成果の活用支援を意味している。

(2) ①の学習情報提供では、学習に関する情報を計画的、組織的に収集し、迅速、的確に提供することが求められている。②学習相談は、学習内容、学習計画、学習方法等について個人やグループの学習者の相談に応じ、学習活動の支援を行うものである。

さらに、(3) 地域活動の拠点としての役割とは、学習の場の提供だけでなく、例えば、地域連帯意識の形成に資すること、地域の伝統文化の保存継承、環境美化、世代間交流、青少年活動の支援、異文化交流、まちづくり等の実践の場、あるいは地域の拠点となることへの期待が示されている。

(4) 生涯学習関連施設等との連携では、公民館はもとより図書館等の他の社会教育施設、大学、職業訓練施設、福祉施設、民間施設等との連携協力が求められている。

このように見てみると、(1) から (3) の内容が公民館の中核をなす役割として捉えることができ、(4) はそのための方策と言える。このうち、(1) 及び (2) にある、学習活動の支援、学習成果の活用支援、学習情報提供・相談は、いずれも学習支援の役割である。一方、(3) は各種の地域活動の拠点としてその活動を支援することであり、地域づくり支援を示す内容になっている。

B　文部科学省告示『公民館の設置及び運営に関する基準』(2003 (平成15)
　　年6月) に見られる公民館の役割

この告示の中で、公民館の役割とそれに類する内容は、第三条から第五条に示されている。

まず、第三条では地域の学習拠点の機能として、学習機会の提供と学習情報提供が示されている。第四条は地域の家庭教育支援拠点としての機能について、第五条は奉仕活動・体験活動の推進についての内容である。第四条、五条の内容は、第三条に比べると具体的な内容となっている。これは、この告示が制定される直前の2001 (平成13) 年の社会教育法の改正内容が反映されたもので、家

庭教育支援が行政の喫緊の課題となったこと、また、青少年の社会性や人間性を育てる中での様々な体験活動の必要性から、法改正に合わせて告示の中に明文化されたものである。

　このように見てみると、この告示では、公民館が本来的に持つ機能としての学習機会の提供、学習情報提供とともに、この時代に特に必要とされる内容が具体的に明記されたと言うことができる。

---

　　文部科学省告示『公民館の設置及び運営に関する基準』（抜粋）

（地域の学習拠点としての機能の発揮）

第三条　公民館は、講座の開設、講習会の開催等を自ら行うとともに、必要に応じて学校、社会教育施設、社会教育関係団体、NPOその他の民間団体、関係行政機関等と共同してこれらを行う等の方法により、多様な学習機会の提供に努めるものとする。

２公民館は、地域住民の学習活動に資するよう、インターネットその他の高度情報通信ネットワークの活用等の方法により、学習情報の提供の充実に努めるものとする。

（地域の家庭教育支援拠点としての機能の発揮）

第四条　公民館は、家庭教育に関する学習機会及び学習情報の提供、相談及び助言の実施、交流機会の提供等の方法により、家庭教育への支援の充実に努めるものとする。

（奉仕活動・体験活動の推進）

第五条　公民館は、ボランティアの養成のための研修会を開催する等の方法により、奉仕活動・体験活動に関する学習機会及び学習情報の提供の充実に努めるものとする。

C　中央教育審議会答申『人口減少時代の新しい地域づくりに向けた社会教育の振興方策について』((2018（平成30）年12月）に見られる公民館の役割

　この答申では、「公民館は、社会教育法に規定される目的を達成するため、地域の学習拠点として、地域住民の学習ニーズに対応した講座、講演会、展示会等を実施してきている。」とされている。その上で、「今後は、特に、住民が主体的に地域課題を解決するために必要な学習を推進する役割や、学習の成果を地域課題の解決のための実際の活動につなげていくための役割、地域コミュニティの維持と持続的な発展を推進するセンター的役割、地域の防災拠点としての役割、「社会に開かれた教育課程」の実現に向けた学校との連携を強化するとともに、地域学校協働活動の拠点としての役割などを強化すること」が求められている。

　この答申においても、公民館には、地域の学習拠点としての役割（学習支援の役割）と地域コミュニティの維持と発展を推進する役割（地域づくり支援の役割）が示されている。さらに、「地域課題を解決するために必要な学習を推進」や、「学習の成果を地域課題の解決のための実際の活動につなげていく」という記述から分かるように、最近では、学習支援の役割と地域づくり支援の役割を結び付けて、その役割を果たしていくことが示されるようになっている。

　ここまでの検討から、次のことが言える。第一に、公民館の役割は、学習を支援する役割と地域づくりを支援する役割として捉えることができる。第二は、その具体的な内容は、学習機会の提供など時代を通じても変わらない内容と、各時代の社会情勢の中で強く要請される内容がある。公民館は、これらを考慮して、その役割を具現化していく必要がある。第三は、学習支援の役割と地域づくり支援の役割を別個の役割として捉えるのではなく、それぞれの役割を重ねたり、結び付けることによって、公民館の総体としての役割を果たしてくこと

が求められているということである。

## 3. 公民館における学習とその支援

　さらに、公民館を活用した学習とその支援の方法を考えてみよう。公民館は様々な事業を行うので、地域の人々が公民館を活用する目的も方法も多様である。公民館を活用する人々は、それぞれの学習や活動にかかわる希望やニーズ、目的をもって活用するので、公民館は可能な限り人々の学習や活動の目的が達成できるように、それらの活動を支援していくことが必要である。その際、公民館における学習や活動を支援する側は、そのような地域の人々の公民館における学習や活動に対して、公民館の学習支援と地域づくり支援の役割、及びこれらの役割相互の関係を考慮して支援を行っていくことが期待される。そこで、ここでは、学習支援にかかわる地域づくり支援も含めて考えていくことにする。

　表5-1は、地域の人々の公民館における学習や活動の方法と、そのときの公民館の支援を例示したものである。人々の公民館における学習の方法は多様であるが、「主催事業利用」、「施設利用」、「学習情報提供・相談利用」、「連携事業利用」という利用の形態を設定した。

　「主催事業利用」には、学級・講座、集会行事等への参加がある。この場合の学習支援では、例えば、学級・講座等への参加希望者がプログラムの企画に加われるようにすることや、学習の成果を発表したり活用する機会を設けて、学習の成果を通じて地域の人々の交流やつながりを深めていくようなことが考えられる。「施設利用」には、グループ・団体利用と個人利用がある。グループ・団体利用の支援では活動の成果を生かせるようにすることや、グループ・団体間の交流を支援することが考えられる。また、これからは、個人でも気軽に公民館を利用して学習ができるような支援が求められる。さらに「学習情報提供・相談利用」では、公民館を利用する人だけでなく、普段、公民館を利用していない人にも学習情報や地域活動の情報を届けることなどを考えていくことが必

## 表 5 - 1　公民館における学習支援

| 公民館における学習の方法 | | 学習支援の方法（例） |
|---|---|---|
| 主催事業利用 | 学級・講座等での学習 | ・学級・講座等への参加希望者が、プログラムの企画に加われるようにする。<br>・趣味、教養、芸能等の学級・講座の場合、その成果を地域で発表、実践、展示、演奏等を行えるよう配慮する。<br>・学級・講座の学習内容に、地域に関わるテーマ、地域の課題、現代的課題等を取り入れる。<br>・学級・講座終了後に学習成果を生かしやすいように、参加型学習、体験型学習、プレゼンテーションなどを取り入れる。 |
| | 集会行事、講演会、イベントへの参加 | ・公民館まつり等を実施して、主催事業やグループ・団体利用の学習成果を発表する機会、学習成果を活用する場を設ける。<br>・地域の人々が交流できる場や時間を設ける。 |
| 施設利用 | グループ・団体利用 | ・学習や活動の成果を地域で活用できるように配慮する。<br>・公民館を利用する学習グループ・団体間の交流を図る。<br>・地域活動を行うグループ・団体の活動拠点を公民館に置く。 |
| | 個人利用 | ・公民館に気軽に立ち寄れたり、自由に談論できる場を設ける。<br>・図書室や資料室などを提供して、地域に関わるテーマの学習や調査活動などを支援する。 |
| 学習情報提供・学習相談利用 | 学習情報利用 | ・公民館事業の実施状況、学習グループの活動状況等を公民館だより、ウェブページなどを使って広く地域に情報提供する。<br>・地域における学習機会の情報、イベント等の情報を案内する。<br>・地域における学習活動の指導者、助言者、協力者の情報を収集し、求めに応じて提供する。<br>・インターネットを活用して、ウェブ上に地域の人々学習や地域活動について情報交流の場を設定する。 |
| | 学習相談利用 | ・学習の成果を地域で活用することの意義とその方法の理解を促す。 |
| 連携事業利用 | 他施設・機関との共催、後援、協力、支援事業への参加 | ・地域で行われる学習事業や地域活動では、実施する団体、施設（図書館、博物館、学校、首長部局の施設）等と積極的に連携協力を進める。<br>・公民館の利用者や公民館を利用するグループ・団体が、連携事業の支援者や協力者として参画できるよう配慮する。 |

原義彦「公民館活用のすすめ」、『成人の学習の理解とⅤ字型回復力・成長力（レジリエンス）』一般財団法人社会通信教育協会、2014（平成26）年、161頁に掲載の表に加筆して引用。

要である。最後は、公民館が他施設等と連携して行う事業等の利用である。他施設等との連携には、共催、後援、協力など多様な形態があるが、公民館がかかわる事業を充実させることは、人々が公民館事業を利用する機会を増やすことにつながる。このように、公民館を活用する多様なケースに対応させて、学習支援の方法を具体的に検討することが重要であろう。

## 第2節 図書館における学習支援

### 1. 図書館の定義と館種

本節では、生涯学習を支援する図書館の機能について述べる。なお、広義の図書館は、公共図書館、国立図書館、大学図書館、学校図書館、専門図書館といった館種（図書館の種類）で分けることができる。いずれの館種の図書館も、多様な形式の情報を学習者に提供するという手段を通じて、生涯学習を支援する機能を持つ。

本章のテーマは「社会教育施設と学習支援」であるため、本節では、図書館を、社会教育施設に該当する、つまり図書館法で規定される狭義の図書館に限定する。図書館法二条によると、図書館とは「図書、記録その他必要な資料を収集し、整理し、保存して、一般公衆の利用に供し、その教養、調査研究、レクリエーション等に資することを目的とする施設」であり、かつ「地方公共団体、日本赤十字社又は一般社団法人若しくは一般財団法人が設置するもの（学校に附属する図書館又は図書室を除く。）」である。このうち地方公共団体の設置する図書館は、公立図書館と言い（慣例として公共図書館と呼ぶことがある）、2018年現在3,277館ある。また、日本赤十字社または一般社団法人もしくは一般財団法人の設置する図書館は、私立図書館と言い、2018年現在19館ある。

ただし、図書館は館種を超えた図書館ネットワークを築いていたり、図書館以外の機関と情報ネットワークを築く等して、相互に協力をしている例も少なくない。したがって、公立図書館を利用していても、他の館種の図書館や、他

の機関から、間接的に支援を受けている場合もあるだろう。

## 2．公立図書館における学習支援

　図書館では、利用者や住民の要求及び社会の要請に基き、図書や雑誌、新聞等を含む情報資源を収集し、それらを利用しやすくするため目録や分類といったツール（手段・方法、tool）で整理し、適切に保存し、閲覧や貸出というかたちで利用者に提供している。目録や分類があることで、情報資源を、テーマ、著者、タイトル等の様々な観点から検索することができる。情報探索に関する利用者からの質問に、図書館員が答えるレファレンスサービス（reference service）や、読書相談も実施している。

　また、図書館は、おおむね誰もが、無料で利用できる施設である。そして、乳幼児から高齢者、障害者、外国人、図書館への来館が困難な者まで、誰もが利用しやすいように多様なサービスの提供に努めている。

（1）　関連する図書館法の規定

　図書館法の規定のうち、生涯学習の支援に関連の深いものを見ていく。

---

　一　郷土資料、地方行政資料、美術品、レコード及びフィルムの収集にも十分留意して、図書、記録、視聴覚教育の資料その他必要な資料（電磁的記録（電子的方式、磁気的方式その他人の知覚によっては認識することができない方式で作られた記録をいう。）を含む。以下「図書館資料」という。）を収集し、一般公衆の利用に供すること。

　二　図書館資料の分類排列を適切にし、及びその目録を整備すること。

　三　図書館の職員が図書館資料について十分な知識を持ち、その利用のための相談に応ずるようにすること。

四　他の図書館、国立国会図書館、地方公共団体の議会に附置する図書室
　　及び学校に附属する図書館又は図書室と緊密に連絡し、協力し、図書館
　　資料の相互貸借を行うこと。

五　分館、閲覧所、配本所等を設置し、及び自動車文庫、貸出文庫の巡回
　　を行うこと。

六　読書会、研究会、鑑賞会、映写会、資料展示会等を主催し、及びその
　　奨励を行うこと。

七　時事に関する情報及び参考資料を紹介し、及び提供すること。

八　社会教育における学習の機会を利用して行った学習の成果を活用して
　　行う教育活動その他の活動の機会を提供し、及びその提供を奨励するこ
　　と。

九　学校、博物館、公民館、研究所等と緊密に連絡し、協力すること。

① 　第三条　図書館奉仕

　図書館は図書館奉仕（サービス）のため、土地の事情及び一般公衆の希望に
沿い、さらに学校教育を援助しうるように留意し、おおむね次の事項の実施に
努めなければならない。

　一にある「電磁的記録」とは、コンピュータで処理されるデジタルデータの
ことを表す。その収集、提供の例としては、有用なウェブサイトを対象とした
リンク集の作成、専門的な情報検索に役立つオンラインデータベースに関する
情報提供、有償のデータベース（商用データベース）を図書館利用者が利用で
きるよう契約すること等がある。

　また、五にある「自動車文庫」と「貸出文庫」は、いずれも移動図書館に含
まれるものであり、自動車に資料を積み、定期的に地域を巡回して貸出を行う。
五の前半の分館等に関する規定と合わせ、自治体区域のどこに住んでいる人に
対しても均一に図書館サービスが提供される「全域サービス」という目標のた

めの手段として考えられている。

②　第四条　司書及び司書補

図書館に置かれる専門的職員は、司書および司書補と称する。

③　第七条の2　設置及び運営上望ましい基準

図書館の健全な発達を図るため、『図書館の設置及び運営上の望ましい基準』(2012（平成24）年12月文部科学省告示）が定められている。図書館は同基準を踏まえ、図書館サービスの実施に努めなければならない。詳細は(2)で述べる。

④　第十七条　入館料等

公立図書館は、入館料その他図書館資料の利用に対するいかなる対価をも徴収してはならない。


(2)　図書館の設置及び運営上の望ましい基準

『図書館の設置及び運営上の望ましい基準』のうち、生涯学習の支援に特に関連が深く、かつ既述の内容と重複しないものを見ていく。ただし、同基準はあくまで努力義務であり、取り上げるサービスもすべての図書館が実施しているわけではない。

なお、同基準では、市（特別区を含む）町村立図書館と都道府県立図書館、それぞれの運営の基本について次のように定めている。

・市町村立図書館は、知識基盤社会における知識・情報の重要性を踏まえ、資料（電磁的記録を含む。以下同じ。）や情報の提供等の利用者及び住民に対する直接的なサービスの実施や、読書活動の振興を担う機関として、また、地域の情報拠点として、利用者及び住民の要望や社会の要請に応え、地域の実情に即した運営に努めるものとする。

・都道府県立図書館は、前項に規定する事項に努めるほか、住民の需要を広域的かつ総合的に把握して、資料及び情報を体系的に収集、整理、保

> 存及び提供すること等を通じて、市町村立図書館に対する円滑な図書館
> 運営の確保のための援助に努めるとともに、当該都道府県内の図書館間
> の連絡調整等の推進に努めるものとする。

　相対的に小規模な地域に特化する市町村立図書館に対して、都道府県立図書
館は、市町村立図書館の援助に代表されるように、より広域的な役割を求めら
れている。その点を踏まえたうえで、ここでは、どちらの図書館にも共通する
内容に焦点を当てたい。

　①　施設・設備
　図書館資料の開架・閲覧、保存、視聴覚資料の視聴、情報の検索・レファレ
ンスサービス、集会・展示、事務管理等に必要な施設・設備を確保するよう努
める。
　高齢者、障害者、乳幼児とその保護者及び外国人その他特に配慮を必要とす
る者が図書館施設を円滑に利用できるよう、傾斜路や対面朗読室等の施設の整
備、拡大読書器等資料の利用に必要な機器の整備、点字及び外国語による表示
の充実等に努める。児童・青少年の利用を促進するため、専用スペースの確保
等に努める。
　②　図書館サービス
　ⅰ．貸出サービス等
　貸出サービスの充実を図るとともに、予約制度や複写サービス等の運用によ
り利用者の多様な資料要求に的確に応えるよう努める。
　ⅱ．情報サービス
　インターネット等や商用データベース等の活用にも留意しつつ、利用者の求
めに応じ、資料の提供・紹介及び情報の提示等を行うレファレンスサービスの

充実・高度化に努める。

　図書館の利用案内、テーマ別の資料案内、資料検索システムの供用等のサービスの充実に努める。

　利用者がインターネット等の利用により外部の情報にアクセスできる環境の提供、利用者の求めに応じ、求める資料・情報にアクセスできる地域内外の機関等を紹介するレファラルサービス（referral service）の実施に努める。

iii.　地域の課題に対応したサービス

　利用者及び住民の生活や仕事に関する課題、地域の課題の解決に向けた活動を支援するため、利用者及び住民の要望並びに地域の実情を踏まえ、次に掲げる事項その他のサービスの実施に努める。

　　ア．就職・転職、起業、職業能力開発、日常の仕事等に関する資料及び情報の整備・提供

　　イ．子育て、教育、若者の自立支援、健康・医療、福祉、法律・司法手続等に関する資料及び情報の整備・提供

　　ウ．地方公共団体の政策決定、行政事務の執行・改善及びこれらに関する理解に必要な資料及び情報の整備・提供

iv.　利用者に対応したサービス

　多様な利用者及び住民の利用を促進するため、関係機関・団体と連携を図りながら、次に掲げる事項その他のサービスの充実に努める。

　　ア．（児童・青少年に対するサービス）　児童・青少年用図書の整備・提供、児童・青少年の読書活動を促進するための読み聞かせ等の実施、その保護者等を対象とした講座・展示会の実施、学校等の教育施設等との連携

　　イ．（高齢者に対するサービス）　大活字本、録音資料等の整備・提供、図

書館利用の際の介助、図書館資料等の代読サービスの実施

ウ．（障害者に対するサービス）　点字資料、大活字本、録音資料、手話や字幕入りの映像資料等の整備・提供、手話・筆談等によるコミュニケーションの確保、図書館利用の際の介助、図書館資料等の代読サービスの実施

エ．（乳幼児とその保護者に対するサービス）　乳幼児向けの図書及び関連する資料・情報の整備・提供、読み聞かせの支援、講座・展示会の実施、託児サービスの実施

オ．（外国人等に対するサービス）　外国語による利用案内の作成・頒布、外国語資料や各国事情に関する資料の整備・提供

カ．（図書館への来館が困難な者に対するサービス）　宅配サービスの実施

## 3．図書館における生涯学習支援の意義

　最後に、図書館における生涯学習支援の意義について述べたい。

　まず、個人では困難な水準で、情報資源の収集、整理、保存がなされていることである。長期的に継続した管理、運営が行われることで、絶版で入手困難となった資料も活用できる。また、個人では契約できず、図書館のみ契約可能なオンラインデータベースもある。さらに、よく整理された情報資源は探索が容易になるため、利用者は時間を節約することができる。

　次に、多様な利用者及び住民に対応するために、多様な情報資源が揃えられていることはもちろんのこと、利用の促進につながるようなサービスもなされていることである。無料の原則もあり、理念上は、貧富の差によらず学習したいことを学ぶことができる。また、近年、インターネット上での情報量が拡大していることから、通信環境と情報機器を持つか否かで情報格差（デジタル・デバイド、digital divide）が生じがちであるが、通信可能な機器を図書館が提供し、機器の使用方法を伝えることで格差の軽減に貢献できる。

　最後に、情報探索に関する専門的な技能に基づくサービスを利用者に提供できることである。図書館内外の膨大な情報から要求に合うものを探す際に、情報の専門家の力を借りることで、効率的かつ効果的に接近できるだろう。司書や司書補は、利用者と情報とをつなぐ役割を担っている。そのためには様々な手段があり、レファレンスサービスのほかに、情報探索に関する講習会の実施等も有効であろう。

### (第3節) 博物館における学習支援

#### 1．生涯学習支援のための施設としての博物館

　博物館の社会的なイメージは様々である思われるが、第二次世界大戦後の日本の法制度において博物館は「社会教育のための機関」（社会教育法第九条）と位置付けられてきた。生涯学習支援を担う重要な仕組としての社会教育の役割を踏まえるならば、生涯学習支援において博物館がどのような独自の役割を果たすべきかというテーマは、博物館の社会的役割そのものを左右するテーマでもある。

　博物館法では、博物館を「歴史、芸術、民俗、産業、自然科学等に関する資料を収集し、保管（育成を含む。）し、展示して教育的配慮の下に一般公衆の利用に供し、その教養、調査研究、レクリエーション等に資するために必要な事業を行い、あわせてこれらの資料に関する調査研究をすることを目的とする機関」（第二条第1項。一部の文言を省略）と定義し、さらに都道府県または指定都市の教育委員会への登録制度の対象としている。これら「登録博物館」と呼ばれる施設に加え、博物館法第二十九条に基づき「博物館の事業に類する事業を行う施設」で文部科学大臣や都道府県または指定都市の教育委員会が博物館に相当する施設として指定した「博物館相当施設」、博物館法に直接の規定は無いが博物館と同種の事業を行い博物館相当施設と同等以上の規模の施設として文部科学省社会教育調査の対象施設となっている「博物館類似施設」があり、

さらに各施設が収集・保管・展示する資料の種類等に基づき分類される施設の種別を考慮すると、ひとくちに「博物館」といってもその実態は非常に多様である（**表5-1・表5-2**）。

### 表5-1　設置者別博物館数

| | 国 | 独立行政法人 | 都道府県 | 市町村 | 一般／公益社団法人・一般／公益財団法人 | その他 | 計 |
|---|---|---|---|---|---|---|---|
| 登録博物館 | - | - | 120 | 466 | 277 | 32 | 895 |
| 博物館相当施設 | - | 28 | 41 | 138 | 32 | 122 | 361 |
| 博物館類似施設 | 125 | 43 | 240 | 3,288 | 145 | 593 | 4,434 |
| 計 | 125 | 71 | 401 | 3,892 | 454 | 747 | 5,690 |

文部科学省2015（平成27）年度社会教育調査をもとに作成。なお、「市町村」には特別区及び一部事務組合を含む。

### 表5-2　館種別博物館数

| | 総合 | 科学 | 歴史 | 美術 | 野外 | 動物園 | 植物園 | 動植物園 | 水族館 | 計 |
|---|---|---|---|---|---|---|---|---|---|---|
| 登録博物館 | 130 | 70 | 323 | 352 | 10 | - | 2 | - | 8 | 895 |
| 博物館相当施設 | 22 | 36 | 128 | 89 | 6 | 35 | 8 | 7 | 30 | 361 |
| 博物館類似施設 | 298 | 343 | 2,851 | 623 | 93 | 59 | 107 | 14 | 46 | 4,434 |
| 計 | 450 | 449 | 3,302 | 1,064 | 109 | 94 | 117 | 21 | 84 | 5,690 |

文部科学省2015（平成27）年度社会教育調査をもとに作成。

　このような博物館の多様な実態は、博物館が担う生涯学習支援の多様性とも深く関連している。博物館における学習支援の在り方も、このことを踏まえて追求していく必要がある。

## ２．博物館教育という概念

　博物館における学習支援については、従来「教育普及」という言葉が用いられてきた。その定義は必ずしも一様ではないが、「収集・保存・研究の三機能の結果でき上った「もの」とその研究成果を、広く一般に公開し、社会の一般生活水準をあげ、学術研究にも寄与し、文化・教育の進展発達に貢献し、また産業の振興にも大いに益するところあらしめんとする」ことを教育普及の目的とする考え方が博物館法制定初期に示され、展示もそれを達成するための方法の一つとして位置付けられていたことや「一般公開性」が強調されていたことは重要であろう。博物館における学習支援が博物館の諸機能から独立して存在するものではないとともに、博物館の諸機能が学習支援という役割において統合されるという視点が不可欠なのである。

　一方、「博物館教育」という言葉もまた、博物館法制定初期にはすでに使用されていたが、2009（平成21）年の博物館法施行規則改正（施行は2012（平成24）年度から）によって学芸員となる資格を有するために大学において修得すべき「博物館に関する科目」の中に「博物館教育論」（２単位）が新設されたことが、近年の「博物館教育」への注目を促す契機になったと言える。前出の博物館法施行規則改正に関する検討を担った「これからの博物館の在り方に関する検討協力者会議」の第２次報告書『学芸員養成の充実方策について』（2009（平成21）年２月）によると、博物館教育論は「博物館における教育活動の基盤となる理論や実践に関する知識と方法を習得し、博物館の教育機能に関する基礎的能力を養う」ことをねらいとしており、その具体的内容として次の項目があげられている。

○学びの意義

○博物館教育の意義と理念

　・コミュニケーションとしての博物館教育（博物館教育の双方向性、博物
　　館諸機能の教育的意義）

　・博物館教育の意義（生涯学習の場としての博物館、人材養成の場として
　　の博物館、地域における博物館の教育機能、博物館リテラシーの涵養等）

　・博物館教育の方針と評価

○博物館の利用と学び

　・博物館の利用実態と利用者の博物館体験

　・博物館における学びの特性

○博物館教育の実際

　・博物館教育活動の手法（館内、館外）

　・博物館教育活動の企画と実施

　・博物館と学校教育（博物館と学習指導要領を含む）

※従来の「教育学概論」の内容は、本科目及び拡充した「生涯学習概論」に
　含まれる。


　このような改正の背景には、「博物館教育」の厳密な定義よりもむしろ博物館
における学習支援の独自性を実践的に追求していくことが社会的に求められて
いるという状況認識があったと考えられる。見方を変えるならば、生涯学習支
援施設・社会教育施設としての博物館の存在意義がいまだ社会的に十分に理解
されておらず、また博物館教育の理論と実践を結び付けることの難しさが存在
しているとも言える。

## 3．博物館の独自性と他機関との連携・協力

　博物館が生涯学習支援施設・社会教育施設であるという前提から、博物館における学習支援は学習者の自主性と多様性を尊重し、学習計画・学習行動の変化にも柔軟に対応する必要があることは言うまでもない。その上で、博物館における学習支援の独自性としてどのような点があげられるだろうか。

　前出の「博物館教育論」の具体的内容においては、「コミュニケーション」や「博物館体験」といったキーワードが登場している。前者については、展示をはじめとする博物館の学習支援が単に一方向的なメッセージ（価値判断を伴う情報伝達）にとどまらず、学習者との双方向的なやりとりを通して学習活動が進められるべきという考え方によるものだと思われる。また、後者については、学習の「きっかけ」としての博物館利用、すなわち博物館内外における学習活動の深まりに博物館利用が及ぼす影響を重視したものと思われる。

　このような考え方に関し、「来館者が博物館に持ち込むものと、博物館で新しく経験することのつながりはきわめて重要なものであり、各個人が新しい経験と向き合った際に常に対処しなければならないものである。このつながりは学びを実現する環境を開発するために重要な鍵となる。来館者が新しいものを取り込まない限り、……（中略）……新しいものは拒絶されるか、あるいは観察されないままに見過ごされてしまうだろう。[2]」という指摘は、親和性が高いと考えられる。博物館では、例えば社会的論争となりうる、あるいは社会的論争の深まりを意図した展示等が行われる場合も少なくないが、そこで「来館者が博物館に持ち込むものと、博物館で新しく経験することのつながり」がどのように生み出されるのかということが博物館における学習支援に強く問われるものであり、表面的な工夫にとどまらないアプローチが求められる。

　一方、博物館にはその独自性を明確に打ち出すだけでなく、他機関との連携・協力も重要なテーマとして位置付けられてきた。中でも、学校との連携は1990年代後半以降全国の多くの博物館で積極的に進められてきており、2017（平成

29）年〜2019（平成31）年に改訂された新学習指導要領においても、小学校・中学校・高等学校の各「総則」の中で「地域の図書館や博物館、美術館、劇場、音楽堂等の施設の活用を積極的に図り、資料を活用した情報の収集や鑑賞等の学習活動を充実すること」と述べられているほか、各「総合的な学習の時間」（高等学校については「総合的な探究の時間」）の中では「学校図書館の活用、他の学校との連携、公民館、図書館、博物館等の社会教育施設や社会教育関係団体等の各種団体との連携、地域の教材や学習環境の積極的な活用などの工夫を行うこと」と述べられている。

　実際、学校による博物館への来館にとどまらず、博物館職員等による学校への資料の貸出や出前授業、博物館と学校の共同での教材・学習プログラムの開発、博物館教育に関する学校教員への研修や博物館への学校教員経験者の配置など、連携・協力の様々な事例が見られる。その中で、例えば学校における児童・生徒としての博物館利用と学校を離れた——「子ども」（利用者）としての博物館利用との性質の違いなど、連携・協力の在り方を含めた博物館と学校との関係については十分な検討が必要である。加えて、博物館運営全般における学校利用の位置付けや、他の社会教育施設あるいは教育分野以外の各種機関との連携・協力を含めた博物館運営の在り方についても、併せて検討する必要がある。


## 4．博物館における学習支援の担い手

　前出の「博物館教育論」は学芸員となる資格を有するために大学において修得すべき「博物館に関する科目」の一つであるが、博物館法第四条では「館長」と専門的職員として「学芸員」を置くこと、「学芸員補その他の職員」を置くことができることが規定されている。学芸員は、「博物館資料の収集、保管、展示及び調査研究その他これと関連する事業についての専門的事項をつかさどる」（博物館法第四条第4項）ものとされ、博物館法第五条においてその資格につい

て規定されている。2015（平成27）度年社会教育調査によると、登録博物館＋博物館相当施設（同調査上における「博物館」）の学芸員数は4,738名であるが、うち専任は約7割にあたる3,235名であり、1館当たりの専任学芸員数の平均は3名弱となる。

　学習支援の担い手という意味では、学芸員以外の職員はもちろん、職員以外の存在も見過ごすことはできない。博物館法に定められた博物館協議会の委員であったり、ボランティアとして博物館にかかわる人たち、「友の会」等の会員として博物館にかかわる人たちは利用者の一部であると同時うに利用者を代表する存在でもあり、特に博物館と地域社会との関係が重視される中でその役割はこれまで以上に重要なものとなっている。

　一方、博物館における学習支援に焦点を絞る形で、国外の博物館における「エデュケーター（educator）」への注目や、実際の肩書は多様であるが博物館における「教育担当者」の配置など、博物館における学習支援を誰が・どのように担うのかという課題への対応も様々な事例が見られる。博物館における学習支援への注目が高まること自体は望ましいことであるが、博物館運営全般から学習支援が一機能としていわば「特出し」されることへの慎重な配慮も必要である。博物館資料の収集・保存・研究などと連続あるいは一体化した形で個々の学習支援活動が進められることが、学習支援の質を高める上でも不可欠であることを常に確認しておかなければならないのである。

　博物館をめぐっては、文部科学省の「博物館による社会教育の振興に関する事務」が2018（平成30）年10月に文化庁へ移管され、また他の公立社会教育施設と併せて2019（令和元）年6月より条例で公立博物館を地方公共団体の長が所管することが可能となるなど、近年大きな動きが見られる。その中で、博物館の社会的役割における学習支援の意義をさらに掘り下げていくことがこれまで以上に求められているのではないだろうか。

## （第4節）青少年教育施設における学習支援

### 1. 青少年教育施設における体験活動

　青少年教育施設は、青少年を主たる利用対象とする社会教育施設の一つで、青少年教育団体や学校等の利用に供するために設置されている。その種別等は様々であるが[(3)]、それぞれの設立目的や立地等の条件に応じて、青少年を対象とする各種事業で体験活動プログラムを実施し、青少年に体験活動の機会を提供している。また、集団で食事や入浴をするなどの団体宿泊訓練を通じて協調性を養い、規則正しい生活体験の機会を提供し、青少年の成長に大きな影響を与える青少年教育施設もある。あるいは、青少年教育指導者などの青少年の健全育成を推進する様々な人材の育成や、上述の指導者を対象とする資質・能力向上のための研修なども行われ、指導者間の交流やネットワーク構築の拠点となっている青少年教育施設もある。さらに、大規模な青少年教育施設にあっては、青少年教育の発展に資することを目的とした調査研究や啓発活動（例：「体験の風をおこそう」[(4)]運動の推進など）が行われることもある。

　青少年教育における体験活動の重要性はこれまでも度々指摘されており[(5)]、行政ではこの体験活動を内容に応じて次の3種類に分類している[(6)]。その第1は生活・文化体験活動で、放課後に行われる遊びやお手伝い、野遊び、スポーツ、部活動、地域や学校における年中行事などである。第2は自然体験活動で、登山やキャンプ、ハイキング等といった野外活動、または星空観察や動植物観察といった自然・環境に係る学習活動などがこれに含まれる。第3は社会体験活動で、ボランティア活動や職場体験活動、インターンシップなどがあげられる。青少年教育施設では、このような体験活動の学習者（参加者）への提供を通じての学習支援が行われる。

### 2. 学習支援としての体験活動の捉え方

　ここで言う体験活動とは、体験を主たる内容や手法として実施する活動であ

る。なお、体験とは、実際に行動すること、またはそれによって得られた経験として捉えられ、活動とは、一連の計画的な行動の総体のことを言う。このことから、体験活動における体験は何らかの一連の計画的な行動の中で得られるものに限定され、一方、無計画または無自覚な活動の中で得られる体験は体験活動からは除外されることに留意する必要がある。

　青少年教育施設における学習も、もちろん生涯学習の考え方で用いられる学習の一つで、最広義には「何らかの直接・間接経験によって新しい行動の仕方を獲得したり、さらに行動の仕方に熟達したり、あるいはそのようなことを可能にするような新たな考え方を獲得したり、既に持っている考え方を変えたりすること」と捉えられるが、これによれば、青少年教育施設での学習における「何らかの直接（・間接）経験」の多くは体験活動で得られる体験によるものであろう。

　ただし、体験は前述したように、一連の計画性を持った体験活動で得られるものもあれば、体験活動以外（日常生活における特に計画性を特に持たない活動など）で偶発的に得られるものもある。青少年教育施設の体験活動で得られる体験は、基本的には前者に相当するが（もちろん、このような施設にあっても休憩時間など体験活動以外の時間帯も存在するから、学習者がそのような時

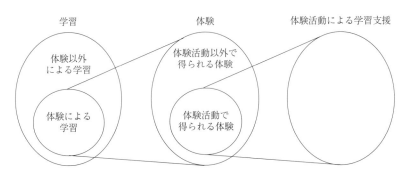

学習　　　　　　　体験　　　　　　体験活動による学習支援

体験以外
による学習

体験活動以外で
得られる体験

体験による
学習

体験活動で
得られる体験

**図5-1　学習、体験、体験活動による学習支援の関係**

間帯で後者の体験を偶発的に得ることもある）、体験そのものは、実際には混在
して学習者に蓄積されていくことを自覚する必要もあろう。**図5-1**は、このこ
とについて、学習、体験、体験活動による学習支援の関係で整理したものである。

## 3．データで見る青少年の体験の実際

　青少年教育施設の体験活動で体験を得ることの意味については、青少年の体
験と意識（考え方）の関係によって説明されることが多い。

　例えば、次代を担う青少年の自立に向けた健全育成の推進は、これからの青少
年教育にあって重要な課題の一つとされているが[9]、小学生〜高校生を対象に行
った全国調査により[10]、この自立を自立的行動習慣に関する3指標（自律性、積
極性、協調性）[11]の高低で捉え、これを自然体験の蓄積の多寡[12]との関係で分析し
た結果が**図5-2**〜**図5-4**である[13]。これらの図によると、自然体験の蓄積が豊
富な青少年ほど、自律性、積極性、協調性のいずれも高くなっている。

　また、自己肯定感をバランスよく育むことの必要性も指摘されており[14]、それ
について上述の全国調査により[15]、**図5-5**のような自己肯定感の高低と上述の自

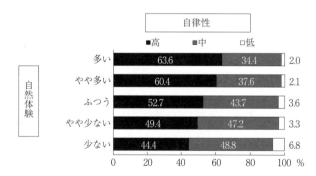

**図5-2　自然体験と自律性の関係（小4〜小6、中2、高2）**

独立行政法人国立青少年教育振興機構編『「青少年の体験活動等に関す
る意識調査（平成28年度調査）」報告書』（同、2019（平成31）年）、79
頁、図3-3-3

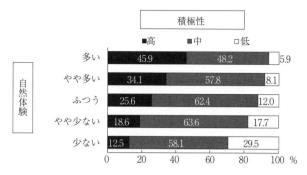

**図5-3　自然体験と積極性の関係（小4〜小6、中2、高2）**

同書79頁、図3-3-4

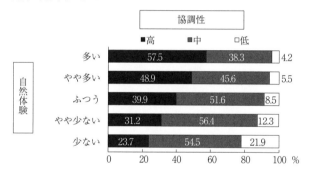

**図5-4　自然体験と協調性の関係（小4〜小6、中2、高2）**

同書79頁、図3-3-5

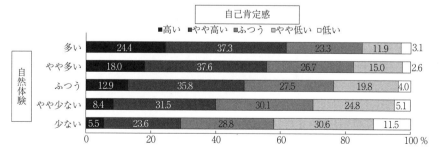

**図5-5　自然体験と自己肯定感の関係（小4〜小6、中2、高2）**

同書83頁、図3-3-16

然体験の蓄積の多寡の関係が明らかになっている。この図によると、自然体験
の蓄積が豊富な青少年ほど、自己肯定感が高くなっている。

## 4．青少年教育施設における学習支援の新たな取組

　これからの青少年教育施設にあっては、青少年が社会の担い手となることを
支援する拠点としての期待もある。例えば、様々な悩みを抱える若者を対象とし
た相談や自立支援、引きこもりや非行少年の自立支援、地域における防災拠点
等の役割をこのような施設が担うことである。これらの取組を地域住民のニー
ズに沿った形で分野横断的に推進することにより、青少年が地域や社会に主体
的に参画し、その将来を担っていく力を育てることが期待されることから、そ
のための学習支援も取り組まれようとしている。[16]

　また、「社会に開かれた教育課程」[17]の実現に向けた学校との連携強化を目指す
学習支援も新たな取組である。文部科学省社会教育調査（2015（平成27）年度）
によると、全国の青少年教育施設における利用団体数のうち、学校関係の団体
は15％を占めている（利用者数で比率を算出してみると、全国の青少年教育施
設の利用者数のうち、学校関係の団体の利用者数は30％近くに達している）。こ
れらは当該の学校種における教育課程の一環としての利用が殆どであるが、校
内ではなかなか得られない体験活動の機会を青少年教育施設に求めている。こ
のようなニーズに応えるためにも、各教科等、学校における教育課程を視野に
入れた取組も重要であると考えられる。[18]

### 注

(1)　鶴田総一郎「博物館学総論」、日本博物館協会編『博物館学入門』理想社、1956（昭
　　　和31）年、36〜38頁。
(2)　ジョージ・E．ハイン著、鷹野光行監訳『博物館で学ぶ』同成社、2010（平成22）年、

230頁。

(3) 白木賢信「青少年教育施設」(浅井経子編著『生涯学習概論—生涯学習社会の展望—新版』(理想社、2019(令和元)年)144〜147頁を参照。

(4) 体験の風をおこそう運動推進委員会(事務局：独立行政法人国立青少年教育振興機構)「体験の風をおこそう運動」(https://taikennokaze.jp/、2019(平成31)年4月22日閲覧)を参照。

(5) 例えば、白木賢信「青少年教育の意義と課題」、山本恒夫・浅井経子・渋谷英章編著『生涯学習論』文憲堂、2007(平成19)年)、79〜84頁など。

(6) 中央教育審議会答申『今後の青少年の体験活動の推進について』(2013(平成25)年) 2.(1)を参照。

(7) 一般に体験 Erleben,Erlebnis(独)、personal experience は「＜実地に身をもって経験すること＞、また＜その経験内容＞」(丸山高司「体験」(廣松渉・子安宣邦・三島憲一・宮本久雄・佐々木力・野家啓一・末木文美士編『岩波哲学・思想事典』(岩波書店、1998(平成10)年)1008頁))で、経験 experience は最広義には「人間と環境との関連の仕方やその成果の総体」(下中弘編『哲学事典』(平凡社、1971(昭和46)年)「経験」の項(391頁))である。

(8) 山本恒夫「生涯学習の概念」、日本生涯教育学会編『生涯学習研究 e 事典』http://ejiten.javea.or.jp/index.html、2005(平成17)年9月14日登録、2019年4月22日閲覧。

(9) 中央教育審議会答申『人口減少時代の新しい地域づくりに向けた社会教育の振興方策について』(2018(平成30)年)第2部、第1章、(4)を参照。

(10) 独立行政法人国立青少年教育振興機構編『「青少年の体験活動等と自立に関する実態調査」報告書　平成18年度調査』(同、2008(平成20)年)では、自立を「①自立的な要素を含み、将来の社会的自立の基礎となると考えられる「自立的行動習慣」、②自分のイメージする将来像と、その基礎となる現在の自分に対する意識を含めた「将来についての意識」、③就労や職業選択に関する意識「職業についての意識(中高生のみ)」」の3つの観点で捉えている(4頁)。

(11) 自律性に関する具体的調査項目は「人の話をきちんと聞く」、「ルールを守って行動する」、「周りの人の迷惑をかけずに行動する」、「自分でできることは自分でする」、積極性に関する具体的調査項目は「困った時でも前向きに取り組む」、「自分の思ったことをはっきりと言う」、「人から言われなくても、自分から進んでやる」、「先のことを考えて、自分の計画を立てる」、協調性に関する具体的調査項目は「困っている人がいたときに手助けをする」、「友達が悪いことをしていたら、やめさせる」、「相手の立場になって考える」、「誰とでも協力してグループ活動をする」で、それぞれ「とても当

てはまる」、「少し当てはまる」、「あまり当てはまらない」、「全く当てはまらない」の4段階で捉え得点化した上で、3指標それぞれについて合計点を3群に分類している（独立行政法人国立青少年教育振興機構編『「青少年の体験活動等に関する意識調査（平成28年度調査）」報告書』（同、2019（平成31）年）78頁を参照）。

(12) ここでの自然体験は、「海や川で泳いだこと」、「夜空いっぱいに輝く星をゆっくり見たこと」、「野鳥を見たり、鳴く声を聞いたこと」、「チョウやトンボ、バッタなどの昆虫をつかまえたこと」、「海や川で貝を採ったり、魚を釣ったりしたこと」、「太陽が昇るところや沈むところを見たこと」、「大きな木に登ったこと」、「キャンプをしたこと」、「ロープウェイやリフトを使わずに高い山に登ったこと」の9項目で、その蓄積の多寡については、各項目これまでにどのくらいしたことがあるのかを「何度もある」、「少しある」、「ほとんどない」の3段階で捉え得点化した上で、9項目の合計を5群に分類している（注（11）、前掲書79頁を参照）。

(13) なお、これに関わる被調査者（数）は、全国の公立小学校4～6年生、公立中学校2年生、公立全日制高等学校2年生（19,803人）、被調査者の抽出法は層化二段集落抽出法、回収数（率）は18,316人（92.5％）、調査方法は質問紙による配付回収法、調査期間は2017（平成29）年2月～3月である。同書（https://www.niye.go.jp/kenkyu_houkou/contents/detail/i/130、2019（令和元）年10月19日閲覧）1～3頁を参照。

(14) 教育再生実行会議第十次提言『自己肯定感を高め、自らの手で未来を切り拓く子供を育む教育の実現に向けた、学校、家庭、地域の教育力の向上』（2017（平成29）年）2．を参照。

(15) ここでの自己肯定感は、「学校の友だちが多い方だ」、「自分には、自分らしさがある」、「学校以外の友だちが多い方だ」、「今の自分が好きだ」、「体力には自信がある」、「勉強が得意な方だ」の6項目で捉え、各項目についてどのくらい当てはまるかを「とても思う」、「少し思う」、「あまり思わない」、「全く思わない」の4段階で捉え得点化した上で、合計点を5群に分類している。

(16) 注（9）、前掲書第2部、第1章、注（4）前掲書65頁及び82頁を参照。

(17) 中央教育審議会答申『幼稚園、小学校、中学校、高等学校及び特別支援学校の学習指導要領等の改善及び必要な方策等について』（2016（平成28）年）では、社会の変化に目を向け、教育が普遍的に目指す根幹を堅持しつつ、社会の変化を柔軟に受け止めていく「社会に開かれた教育課程」を期待し、次の3点を重要視している。

①社会や世界の状況を幅広く視野に入れ、よりよい学校教育を通じてよりよい社会を創るという目標を持ち、教育課程を介してその目標を社会と共有していくこと。

②これからの社会を創り出していく子供たちが、社会や世界に向き合い関わり合い、自らの人生を切り拓いていくために求められる資質・能力とは何かを、教育課程において明確化し育んでいくこと。

③教育課程の実施に当たって、地域の人的・物的資源を活用したり、放課後や土曜日等を活用した社会教育との連携を図ったりし、学校教育を学校内に閉じずに、その目指すところを社会と共有・連携しながら実現させること。

(18) 具体的な事例については、独立行政法人国立青少年教育振興機構編『学校教育における『集団宿泊活動』の手引き―各教科等の関連を図る教科課程編成指導資料―』（同、2014（平成26）年）などを参照。

## 参考文献

- 浅井経子・合田隆史・原義彦・山本恒夫編著『社会教育経営論―新しい系の創造を目指して―』2020（令和2）年
- 浅井経子編著『生涯学習概論―生涯学習社会の展望― 新版』理想社、2019（令和元）年
- 浅井経子・伊藤康志・原義彦・山本恒夫編著『生涯学習支援の道具箱』一般財団法人　社会通信教育協会、2019（平成31）年
- 日本図書館協会『日本の図書館　統計と名簿』、2018（平成30）年
- 高鷲忠美・下山佳那子『図書館概論（第3版）』三和印刷社、2018（平成30）年
- 青柳英治編著『ささえあう図書館：「社会装置」としての新たなモデルと役割』勉誠出版、2016（平成28）年
- 大髙幸・端山聡子『博物館教育論』〔新訂〕放送大学教育振興会、2016（平成28）年
- 鈴木眞理・井上伸良・大木真徳編『社会教育の施設論―社会教育の空間的展開を考える―』（講座　転形期の社会教育Ⅲ）学文社、2015（平成27）年
- 朝比奈大作『図書館員のための生涯学習概論』（JLA図書館情報学テキストシリーズⅢ別巻）、日本図書館協会、2013（平成25）年

## 第6章　多様なかたちで展開する学習支援

### 第1節　大学における学習支援

#### 1．大学開放

　「大学開放」とは、「大学の有する人的・物的・知的資源や教育・研究を広く学外に提供するため、大学自らが行う教育事業活動[(1)]」で、社会貢献の大きな柱の一つである。具体的には地域の人々を対象に主に大学教員が講師となる「公開講座」や大学の正規の授業を受講できる「公開授業」、大学図書館などを自由に利用してもらう施設開放などがある。


⑴　公開講座

　公開講座は現在殆どの大学で企画・実施されており、全国で約3万講座が開講され、受講者は115万人にのぼる（2016（平成28）年度。文部科学省調べ）。主として英語などの語学や歴史・文学といった教養から、子育て・介護など生活課題、資格取得講座など、各大学の強みを生かした多様な講座が開講されている。私立大学では大規模に展開している例もあり、早稲田大学オープンカレッジは3校体制で、年間約1,900講座を開講している。カレッジ独自の単位制度も持っており、一定数以上の単位を取得した場合には「修了証」が付与される。


⑵　公開授業

　公開授業とは、大学の正規の授業を学生と一緒に学ぶことができる仕組である。科目等履修生制度は、必要な科目のみ履修し単位修得を目指すものだが、そのためには入学料とともに正規の授業料を負担する必要がある。公開授業の場合は、単位修得はできないが、その分低廉な受講料で例えば2単位（15回）の

授業を若い学生たちと一緒に受講し、学ぶことができる。若い学生たちにとっても社会人の学ぶ姿勢に刺激を受けたり、ディスカッションをすることなどによって、自分たちにはない意見や考え方に触れることができる。

　信州大学は2001（平成13）年度から「市民開放授業」として取組を始め、毎年800科目前後を開放し、これまで延べ3,500人以上が受講している。開放授業のリストには、受講希望者が戸惑うことがないよう、その授業の難易度について、A（入門的な内容）、B（より進んだ内容。一定の基礎知識が必要）、C（高度な内容。当該専門分野について系統だった学習があることが前提）と付記されている。弘前大学では「グリーンカレッジ」を2015（平成27）年に開講した。公開授業の受講とともに受講生にはカレッジ学生証を交付し、授業ではない自由な英語学習の場である「イングリッシュ・ラウンジ」で学生と一緒に学んだり、また学生と一緒にサークル活動や学園祭にも参加するなど、キャンパス生活を謳歌する工夫もなされている。

(3)　インターネットによるオンライン講座

　インターネットを利用して公開講座や大学の授業を提供するＭＯＯＣ（大規模公開オンライン講座、Massive Open Online Course）の取組も近年、世界中で盛んになってきている。2013（平成25）年に設立された一般社団法人　日本オープンオンライン教育推進協議会（ＪＭＯＯＣ）では、多数の大学、研究所、企業等が会員となって、インターネット環境さえあれば「「良質な講義」を「誰も」が「無料」で学べる学習機会」を提供している。

　各回の講義は10分程度の動画で構成、例えば1週間で5〜10本の動画が公開され、1か月学習し課題を提出するといったかたちの継続的なプログラムとなっている。大学の正規授業に相当する講座、大学等の公開講座、専門学校・高等専門学校等が提供する講座などカテゴリー別に、これまで140講座が開講され、50万人以上が学習している。

**図6−1　オンライン講座の開講例（左：東京大学他、右：千葉工業大学）**
東京大学・中村彰通他「統計学Ⅰ：データ分析の基礎」、千葉工業大学・山崎直子他「宇宙開発を通して
みる私たちの社会」http://gacco.org/list.html　2019年4月25日取得

## ２．地域と連携したプログラム

### (1)　子ども大学

　埼玉県（教育委員会）では2010（平成22）年度から「子ども大学」の開校を
推進している。各子ども大学では、大学のキャンパス等を会場に大学教員や地
域の専門家等が講師となり、子どもの知的好奇心を刺激する講義や体験活動が
行われている（「はてな学」、「ふるさと学」、「生き方学」）。企画・運営主体は地
域の大学等、青年会議所、子ども会、ＮＰＯ、行政などで構成する実行委員会
となっている。2018（平成30）年度には、県内全域にわたって54子ども大学が
開講された。

　「子ども大学あさか」は、朝霞市の小学校４〜６年生を対象に、東洋大学、朝
霞市教育委員会、ＮＰＯ法人、青年会議所、東洋大学学生団体で実行委員会を
組織し、東洋大学のキャンパスなどで大学の教員はじめ様々な分野の専門家が
講義や実習体験を提供するプログラムである。中でも子どもたちが主体となっ
て「理想のまち」をつくり、まちの店舗（模擬店）を企画・出店する子ども大
学の学園祭「ミニあさか」は、その準備段階から学生ボランティアと子どもた
ちが「子ども会議」で話し合いを進め自分たちで準備・実行するもので、恰好

**図6-2　こども大学あさか（2018（平成30）年）プログラム**

埼玉県教育委員会資料から

の職業体験、社会体験の場となっている。

(2)　明治学院大学チャレンジコミュニティ大学

「チャレンジコミュニティ大学」は、「今後高齢期を迎える世代がこれまで培ってきた知識・経験を生かし、コミュニティ活性化の原動力となる地域活動のリーダーを養成することを目的」に、東京都港区と明治学院大学との連携のもと（港区が大学に業務委託。運営費はこの委託費と受講料で賄っている）、2007（平成19）年に開校した。港区民で60歳以上のシニアを対象に、「社会参加（福祉・行政）」、「健康増進（スポーツ・健康）」、「一般教養（経済・法律・芸術等）」についての明治学院大学教員による授業を週1回（2時限）受講する1年間のプログラムである。

修了後は全員、修了生が集う組織であるチャレンジコミュニティ・クラブに

入会し、ここを拠点に、それぞれの地域で活発に活動している。事務局は大学社会連携課が務め、クラブの運営費は港区が負担している。

　シニアを対象に大学独自のプログラムを開講する例としては、ほかに立教大学セカンドステージ大学などがある。

## 3．社会人の学び直し（リカレント（recurrent）教育）

### (1)　学習しやすい環境・仕組

　社会人を対象に小論文や面接等を中心に入学者選抜を行う「社会人特別入学者選抜」、通学上の利便性向上のための「夜間・昼夜開講制」、修業年限（学部であれば4年）を超えて一定期間にわたり計画的に履修できる「長期履修学生制度」、必要な科目のみについてパートタイムで履修し正規の単位を修得できる「科目等履修生制度」、通信制大学（インターネットにより授業を行う大学含む）、通学の便に配慮した「サテライト教室」など、社会人の学習を支援する様々な取組が各大学で行われている。しかしながら、日本の大学は依然として18歳から22歳が中心であり、25歳以上の入学者は2.5％（2015（平成13））に過ぎないのも現状である（OECD平均は16.6％[2]）。

　最近では、首都圏等の大学が地方にサテライトキャンパスを設置する取組もある。2017（平成29）年に、岩手県陸前高田市の協力のもと、廃校となった中学校を改修して、岩手大学・立教大学が開設した交流活動拠点「陸前高田グローバルキャンパス」（同時に「立教大学陸前高田サテライト」を設置）がある。サテライトは、地域の人々と大学の学生・教職員が出会い、ともに考え、学ぶ空間であり、大学教員等による市民向け教育プログラム「立教たかたコミュニティ大学」や学生企画による市民との交流イベントなどを実施している。地方創生政策としても、東京圏・地方圏の学生の交流や学生の地元定着を促進する新たな拠点として、東京圏の大学による地方サテライトキャンパスの設置がテーマとなっている。

(2)　社会人を対象とした教育プログラム

　今日の社会の大きな変化、少子高齢化やsociety5.0、人生100年時代など、予測困難な社会を持続発展させ、その構成員である一人一人が豊かで充実した人生を送るため、大学での学習はこれまで以上に重要性を増してきている。

　政府の「人づくり革命　基本構想」(2018（平成30)) では「何歳になっても学び直し、職場復帰や転職が可能となるリカレント教育を抜本的に拡充する」とした。「リカレント教育」とは、個人が社会に出て職業生活を送るようになった後に、最新の知識や技術の修得など必要に応じて大学等に戻って学習する再教育のことで、リカレント（recurrent）とは、反復、回帰といった意味である。学校教育法改正を受け、2007（平成19年）に創設された「履修証明制度」は、大学が正規の学生以外の者を対象に一定のまとまりのある学習プログラム（履修証明プログラム）を開設し、その修了者に対して履修証明書（サーティフィケート、certificate）を交付するもので、2016（平成28）年度では全国で135

**図6-3　土佐FBC（地方創生をテーマとした履修証明プログラム）**
文部科学省作成「職業実践力育成プログラム（BP）パンフレット」から転載

大学、321のプログラムが実施されている<sup>(3)</sup>。なお、これまではプログラムの総授業時間数120時間以上だったが、より社会人にとっての利便性を高めるため、2019（平成31）年度からの新規プログラムでは、60時間以上でも可となった。

また、2015（平成27）年には、既設の履修証明プログラムや正規課程のうち、社会人や企業等のニーズに応じた実践的・専門的プログラムを文部科学大臣が認定する「職業実践力育成プログラム（BP：Brush up Program for professional）」認定制度が創設された。厚生労働省の教育訓練給付制度とも連携し、同省の指定を受けたプログラムであれば、その受講経費が助成される。

地域農業の確立に取り組む農業経営者の養成を目的とする岩手大学（岩手県農林水産部・JAいわてグループ連携）が開設する「いわてアグリフロンティアスクール」、高知県の食品産業を担う専門人材の養成を目的とする高知大学の「土佐フードビジネスクリエーター人材創出事業（土佐ＦＢＣ）」、慶応義塾大学大学院の「システムデザイン・マネジメント研究科」、明治大学の「女性のためのスマートキャリアプログラム」など、地方創生、分野横断、女性活躍などをテーマに各大学がその特色を生かした多彩なプログラムを開設している。これまで全国で250をこえる課程がこのＢＰの認定を受けている。

今日の大学は、子どもからシニアまで、趣味・教養から高度で実践的・専門的なものまで、地域の拠点として多様な人々を対象に多様な学習の支援を行っている。

## （第2節）団体・グループにおける学習支援

### 1．団体・グループの活動

生涯学習支援としての団体・グループの活動は、伝統的な社会教育活動の一つして古くから存在している。この活動は、学習方法・形態として見れば、集合学習のうちの集団学習の一つに分類される。一般に、団体・グループは、共通

の目的・目標を持つメンバー（成員とも言う）によって構成され、一定の期間、継続的に活動している。その活動は上述の目的・目標が達成されるまで続くことを原則としていることから、大きな目的・目標が設定された場合は、ほぼ半永久的に存続していく。一方、単一の事業実施のために結成された団体・グループは、当該の事業の終了と同時に解散される。なお、団体の種類には、例えば国や地方自治体のような大きなものもあれば、十数人で構成されるような小さなものもある。後者のような小さな団体は、グループと呼ばれることもある（あるいはサークルと呼ばれることもある）。団体とグループについて、規模の違いで呼び分けることはあるが、そこに明確な違いが存在しているわけではない。本節では、両者を区別することをせずまとめて「団体・グループ」として扱っていく。

## 2．団体・グループの分類

　団体・グループには様々な種類があるが、例えば次の(1)〜(3)の観点から分類される。[4]

### (1)　活動範囲による分類

　これには、ある一定の地域に居住する者によって構成される地域団体である。例えば、地域子供会、地域青年団（会）や町内会・自治会などである。これらの多くは地縁的な関係で結成された伝統的な団体・グループであるものの、近年の地域やコミュニティの変質により、衰退や消滅しているものも見られる。また、同一の学校・職場・職域等にかかわる者によって構成される団体・グループもこの分類に含まれる。例えば、学校の同期会・同窓会、ＰＴＡ、職場におけるクラブなどがそれで、これらは当該の学校・職場・職域等の維持・発展に貢献するという趣旨で構成されることが多い。

(2)　構成メンバーによる分類

　ここには、発達段階の観点から、メンバーをある程度共通の年齢層で構成された対象別の団体・グループがあげられる。例えば、少年対象としては、小・中学校の児童・生徒を主対象とする子ども会、ボーイスカウト、ガールスカウトなどがある。青年対象としては、YMCA、YWCA、ユースホステルなどがある。成人対象としては、教養、健康、スポーツ、趣味などのためのグループ・サークルなどがあるし、高齢者対象としては、老人会（クラブ）など高齢者中心に学習や社会貢献などの活動を行っているものがあげられる。

(3)　内容による分類

　ここに分類される団体・グループには、文化・芸術（文学、語学、歴史、哲学、音楽、美術など）、趣味・教養（華道や茶道なども含む）、体育・スポーツ、職業（資格や検定に関するものも含む）、ボランティアなど、活動の内容に共通の関心等を持ったメンバーにより構成される。また、特定非営利活動促進法（1998（平成10）年施行）に基づき法人格を取得した特定非営利活動法人（NPO法人）も、それぞれの定款で示した活動分野（内容）にかかわる社会貢献活動を行うという共通の目的意識を持ったメンバーで構成される。

## 3．団体・グループの活動の意義

　このような団体・グループの活動の意義としては、まず、個々のメンバーにとっての学習上の意義があげられる。これには、個人の学習ニーズを充足させるという点での学習もあれば、他のメンバーから思わぬ影響を受けることなど、当初のニーズとしては想定されていなかった学習も含まれる。また、団体・グループにとっての意義もある。複数のメンバーが協力し1人ではとても達成できないことを成し遂げ様々な成果をあげていくことは、団体・グループにとっても意味があり、団体・グループのさらなる発展につながっていくからである。

## ４．団体・グループにおけるメンバーの役割

　前述した意義は、必ずしも団体・グループの活動に固有なものではないが、集団学習の利点を効果的に促進させる特長でもある。団体・グループは、形態や成熟の程度は様々であるものの何らかの組織を有している。一般に、組織は役割の集合体でさらに役割同士の関係をも含めた全体で構成される<sup>(5)</sup>。そこでこの役割に着目すると、団体・グループにおける役割とは、団体・グループとしての目的を達成するために意図的・公式的に設けられた組織にあって、メンバーが組織から期待され身に付ける行動様式と捉えることができる<sup>(6)</sup>。

　具体的には、活動によってメンバーが様々な役割を担うことがあるため、決して固定的ではないものの、大きくリーダーとフォロワーに分かれる（第２章参照）。さらにリーダーは活動の規模や内容に応じて、さらに次の①～⑩に細分化される（括弧内はその主な任務<sup>(7)</sup>）。

　①　アドミニストレーター（管理運営に関わるリーダーシップを担当、事務局的存在、administrator）

　②　アドバイザー（助言者、相談担当、adviser）

　③　アニメーター（人々を励まし意気を昂揚させる、animator）

　④　コーディネーター（例えば、ボランティアと支援を必要とする人の間を結び付け、助言をするなどの調整をする、coordinator）

　⑤　ディレクター（活動の計画、実施の全過程の中心的責任者、director）

　⑥　ファシリテーター（研修課程を順々に先導する指導者、facilitator）

　⑦　インストラクター（課題の説明等により人々の活動の方向付けをする、instructor）

　⑧　メンター（助言者、精神的支援を必要とする人に対応、mentor）

　⑨　モデレーター（司会、進行をしながら議論の流れを円滑に導く、moderator）

⑩　スペシャリスト（ある分野の専門的知識や技術を指導する、specialist）

　その他、6～8人程度（多くとも10人以下）の小集団における活動計画を立て、その活動の運営や責任を担うグループリーダーが配置されることもある。さらには組織キャンプにおけるキャンプカウンセラー<sup>(8)</sup>（camp counselor）のように、活動の特性に応じた固有の役割もある。

## 5．役割の観点による団体・グループにおける学習

　前述したように、役割は行動様式の1側面として捉えることができる。学習は、一定の活動により、考え方や行動様式を変容（形成も含む）する過程であることから<sup>(10)</sup>、団体・グループにあって活動を通じて役割を身に付けることも学習の一つであると言える。日常的にも“役割が人を育てる”などと言うこともあり、学習支援の技法としてのロールプレイング（役割演技（法））にあっても、ある特定の役割を演技してみることによる学習効果などが指摘されている。

　役割を身に付ける過程について、人間変容の過程の考え方を参考にすれば、具体的に自然体験活動（キャンプなど）を行う団体・グループの場合、例えば次の①～④のような過程が考えられる。

①　メンバーAは、この時点ではキャンプに必要な野外炊事などの技術などが殆ど分からない。この段階では、経験者でもあるメンバーBの見習いとして見様見真似でキャンプの仕方を覚えつつある。

②　メンバーAは、①の段階を経て、この時点では1人の参加者（キャンパー）として、キャンプに必要な野外炊事などの技術などを習得している。この段階では1人の自立したメンバーとして、キャンプの仕方を身に付けている。

③　メンバーAは、②の段階を経て、キャンプに必要な野外炊事などの技術

などの指導方法を習得している。この段階では、初心者に対するインスト
ラクターとしての役割を身に付けている。

④　メンバーAは、③の段階を経て、キャンプの企画や運営の仕方を習得し
ている。この段階では、ディレクターとしての役割を身に付けており、イ
ンストラクターなどへの指導的な役割も担っている。

## 6．団体・グループにおける学習支援の今日的課題

　上述のような役割は、地縁的な関係で結成された伝統的な団体・グループが
主流の時代では、既に固定的・安定的にメンバー間で分担されていた。しかし、
そのようなタイプの団体・グループはほとんど見られない現在にあっては、未
組織の状態から出発する団体・グループが多くなっていることから、メンバー
がどのような役割を担うことを希望しているかを把握することは学習支援の上
でも重要であろう。

　さらに今日的課題としては、社会的包摂（ソーシャル・インクルージョン、
social inclusion）の考え方のもと、障がい者、高齢者、外国人、困難を抱える
人々など、多様なメンバーを受け入れ、同じ構成員として参加できるような多
様性への理解もあげられる。

## 第3節　ICTを活用した学習支援

## 1．地域におけるICT活用の生涯学習支援のタイプ

　地域にあっても様々なかたちでICT活用の生涯学習支援が行われている。
ICTとはInformation and Communication Technology の略語で、情報通信
技術のことである。ITとも言う。ICT活用の生涯学習支援の特徴を明らか
にするために、いくつかのタイプに分けて検討してみることにしよう。その際、
観点として(1)学習情報の種類と(2)コンテンツ等の制作・作成者をあげ、両者の
組み合わせからICT活用の生涯学習支援のタイプを抽出することにする。

　まず(1)学習情報の種類についてであるが、生涯学習社会の条件に基づき、次の５種類をあげることにする。


①　案内情報

②　講座等での内容情報（講座等で提供する知識・情報等）

③　交流等での内容情報（交流等で提供し合う知識・情報等）

④　学習成果の評価・活用情報

⑤　アドバイス情報


　これらの学習情報は、生涯学習社会を構成する条件である、ⅰ．いつでも自由に学習機会を選択できる、ⅱ．生涯のいつでも自由に学ぶことができる、ⅲ．学習成果が適切に評価され、それを生かす、に基づき分類したものである。①について言えば、自分に合った学習機会を選択できるようにするためには案内情報の提供が必要である。内容情報については、講座等で提供される知識・技術の提供と交流等で提供し合う知識・情報等には違いがあるので、両者を分けた。それが②と③で、これらは生涯学習社会のⅱの条件にかかわるものである。生涯学習社会のⅲの条件としての学習成果を生かすためには、学習成果の活用にかかわる情報や学習成果を適切に評価する情報が必要である。それが④である。学習相談等で提供されるアドバイス情報は生涯学習社会の条件のⅰにかかわるとされることも多いが、学習活動プロセスの全体にかかわるものでもあるので、アドバイス情報は案内情報の提供とは別に取り上げることにした。

　次に(2)コンテンツ等の制作・作成者であるが、ここでは次の二つに分けて考えることにした。


ア．行政機関、生涯学習関係施設等がコンテンツを制作する。専門家に依頼して作成してもらうことも含む。

表6-1　地域における ICT 活用の生涯学習支援のタイプ

| 生涯学習社会の条件 | 学習情報の種類 | | コンテンツの制作・作成 | |
| --- | --- | --- | --- | --- |
| | | | 行政機関・社会教育施設等 | 学習者 |
| 生涯のいつでも自由に学習機会を選択できる | 案内情報の提供 | | A | B |
| 生涯のいつでも自由に学ぶことができる | 内容情報の提供 | 知識技術提供型 | C | D |
| | | 交流型 | － | E |
| 学習成果が適切に評価・生かされる | 学習成果の評価・活用情報の提供 | | F | G |
| 全体 | アドバイス情報の提供 | | H | I |

　イ．学習者が学習成果を生かしてコンテンツを作成する。

　ＩＣＴ活用の生涯学習支援のタイプを抽出するにあたっては、上記の(1)にあげた学習情報の種類別の提供を設定し、それと(2)からマトリックスをつくることにした。それが**表6-1**である。そこから、A～Iの9タイプのＩＣＴ活用の生涯学習支援を抽出した。

　次に、簡単にAからIの生涯学習支援を説明することにしよう。事例については公的機関によるもののみを取り上げるが、時代や技術の変化の中でＩＣＴの活用の仕方は変わっていくので、今日存在していたサービスが明日も存在するとは限らないし、形態を変えることもあることをお断わりしておこう。

Ａタイプ：多様な学習機会についての案内情報を提供するタイプ。例えば、自治体の学習情報提供システム、公民館職員が作成する公民館のＨＰやメルマガなどがあげられる。学習情報提供システムを構築して学習情報提供を行っている道県や自治体、メルマガを配信している行

政機関や施設はいろいろある。

Bタイプ：学習者が案内情報にかかわるコンテンツを作成し、それを広く一般に提供するタイプ。公民館のＨＰを学習者が作成したり、学習者が学習成果を生かして地域の生涯学習に関する案内情報を発信したりする。学習者による情報発信なので、好きなときに関心を持ったり気に入ったりした情報を発信し、ブログ、Facebook、Twitter、Instagram 等を活用することもある。

Cタイプ：行政機関や社会教育施設等が内容情報にかかわるコンテンツを提供する。行政機関等が地域のアーカイブを収集して提供したり、インターネット講座を開設したりすることなどがあげられる。行政機関や社会教育施設がコンテンツを制作するというよりも、専門家のアドバイスのもとで企画し、その道の専門家に依頼して作成してもらう。

　　例として、「とちぎふるさと学習」、「学びネットあいち」の「学べる web 教材」、「とっとり県民学習ネット」の「トリピー放送局」、「かがやきネットやまぐち」の「ネット学習」の中のビデオ学習、愛媛県生涯学習センターの「コミュニティ・カレッジオンライン受講」、「まなびの広場おおいた」の「インターネット講座」、小田原市のデジタルアーカイブなどがあげられる。ちなみに国レベルでも、例えばデータサイエンスに対する関心の高まりを受けて、総務省統計局は「データサイエンス・オンライン講座　社会人のためのデータサイエンス入門」をネット上に無料で開講している。

Dタイプ：内容情報を学習者が提供する。学習者が趣味関係のアーカイブを作成したり、ブログ、Facebook、Twitter 等で発信したり、ネット・ギャラリーに学習成果を発表したりすることなどがあげられる。

　　例えば、「ひょうごインターキャンパス」には「学びのギャラリ

　ー」があり、学習者が学習成果を web 上で発表できるようになっている。

Ｅタイプ：学習者同士がＩＣＴを活用して交流し、相互学習を行うタイプである。例えば、ＳＮＳを使って交流したり、インターネット会議システムを使って遠隔地の学習者同士が交流したりすることがあげられる。

　　　例えば、「ひょうごインターキャンパス」には会員専用のＳＮＳサービスが提供されている。また、「とやま学遊ネット」の「学遊掲示板」、「富山インターネット市民塾」には掲示板による交流ひろばが開設されている。

Ｆタイプ：行政機関や社会教育施設等が学習成果の評価情報や活用情報の提供サービスを行うことである。評価情報については、Web 上で学習成果についての自己診断が行えるようにしたり、修了証や資格を付与したり、生涯学習パスポート（学習記録票）を提供したりすることがあげられる。活用情報については、活用の機会に関する案内情報の提供（Ａタイプに含んでもよい）、学習成果を活用した活動内容の情報の提供などがある。

　　　例えば、「ひょうごインターキャンパス」には学習履歴ブログの機能があるし、「やまがたマナビィnet」、「とちぎかかやきネット」、「かながわ人生100歳時代ポータル」、「みやざき学び応援ネット」には生涯学習活動や学習成果を生かした活動を紹介するページがある。

Ｇタイプ：学習者同士がＳＮＳ，ブログ、Facebook、Twitter 等で相互に評価しあったり感想を述べあったりする。また学習成果を生かした活動の記録等を紹介したりする。

Ｈタイプ：行政機関や社会教育施設等がＩＣＴを活用して学習相談窓口を開設したりする。例えば、資格取得ナビゲーターや学習の仕方に関す

るFAQを作成したり、eメール等を用いて学習相談を行ったりすることがあげられる。

　例えば、「やまなしまなびネット」、滋賀県の「におねっと」、「まなびねっとおきなわ」ではeメールによる学習相談を受け付けている。

Iタイプ：学習者のグループが学習相談を行っている例もあるが、その中でeメールを使って相談を受けたり回答したりする。また、ＳＮＳ等で互いに相談・回答し合ったりする。

　なお、交流は人々が自由にコミュニケーションを取り合うものなので、行政機関や社会教育施設等は交流の場を提供することはあっても生涯学習支援として交流にかかわるコンテンツを発信することは考えられない。そのため、表中では「－」を記した。また、ここでは地域レベルで生涯学習支援を考えているため、大学や民間教育機関等は含めていない。大学や民間教育機関はいずれの学習情報も自由に作成し提供することはできる。

　今後ＡＩが導入されるようになれば、学習者が自分に合った学習情報を検索して選ぶ時代から学習者それぞれに合った学習情報が提供される時代になり、学習の取り組み方も大きく変わっていくに違いない。

## ２．eラーニング・システムによる学習支援

　これまで学習情報の提供の面からＩＣＴ活用の生涯学習支援を見てきたが、ＩＣＴ活用の生涯学習支援と言えば、やはりeラーニング・システムによる支援を忘れてはならないであろう。これは**表6-1**で言えばCが中心になるが、提供者は大学や民間教育機関等である。しかも、サービスは知識技術の提供だけでなく、案内情報の提供、交流の場の提供、学習成果の評価・活用情報の提供、学習相談まで幅広く行われている。

　eラーニングとは、ＩＣＴを活用した学習のことで、一般には個人学習の一種として捉えられている。定義は必ずしも定まっていないが、遠隔学習から郵便による通信教育やラジオ、テレビの放送を活用した学習を除いたものを言う。広義にはＷＢＴ（Web Based Training）を活用した学習、ＤＶＤ教材を活用した学習、電子ブックを活用した学習、インターネット会議システムを活用した学習等が含まれる。一方、ＷＢＴでの学習などインターネット利用の学習のみをいう場合もある。

　なお、ｅとはelectronics（電子の）のことであり、ＷＢＴ（Web Based Training）とは、インターネット等で提供されるウェブ（WWW：World Wide Web）による双方向のトレーニング方式あるいは学習方式のことである。

　eラーニングの特徴としては、いつでもどこでも、学習者のペースで学習できることがあげられる。繰り返し学習することを可能にしているシステムも多い。また、ｅメールなどを通して、講師やメンター等に質問したり悩みを訴えたりすることができる。

　ＷＢＴなどインターネットを活用したeラーニング・システムの場合、システムに必要な機能として、一般に次のものがあげられる。

・学習者の学習管理……受講登録管理、学習の進捗状況管理、評価・成績管理など。
・コンテンツ管理……学習者が自分のペースで学ぶことができるようにコンテンツを配列して管理するなど。
・学習支援……学習者のレベル診断、学習計画作成支援、メールやチャットによる学習者同士のコミュニケーション機能、Ｑ＆Ａ、ＦＡＱ（Frequently Asked Question）、メンタリングシステム（メンターや相談員からの励ましや督促、Mentoring System）、など。メンターによる助言等の人的要素が学習継続を可能にする上で重要と

されている。

　ＤＶＤ教材だけで学ぶ場合、インターネットで配信される教材だけで学ぶ場合、両者を併用して学ぶ場合、対面による指導や講座等とブレンディング（blending）したプログラムで学ぶ場合など、ｅラーニングの方法は様々である。

　ｅラーニングだけよりも集合学習とＷＢＴを組み合わせたブレンディング型の講座の方が効果的であると言われている。その在り方としては、次のものなどがあげられる。

①　集合学習に入る前に学習者のレベルを一定にするためにｅラーニングで
　　学ぶ
②　実習等は集合学習、座学はｅラーニングで学ぶ
③　集合学習の事後にｅラーニングで学ぶ。それにより、集合学習で習得し
　　た成果を確かなものにする

　ｅラーニング・システムによる教育・学習で注意しなければならないこととして著作権にかかわる問題や学習者同士のオンライン交流での炎上等があげられる。提供側、指導者、学習者ともインターネット活用にかかわるルールを身に付けておく必要がある。

### 第4節　ＳＮＳと学習支援

#### 1．ＳＮＳの定義と特徴

　ＳＮＳ（ソーシャル・ネットワーキング・サービス、Social Networking Service）は、今や多くの人々の日常生活に欠かせないツールであると言ってよい。総務省「国民のための情報セキュリティサイト」[12]では、ＳＮＳを「登録された利用者同士が交流できるＷｅｂサイトの会員制サービス」と定義しており、

「友人同士や、同じ趣味を持つ人同士が集まったり、近隣地域の住民が集まったりと、ある程度閉ざされた世界にすることで、密接な利用者間のコミュニケーションを可能にしています。最近では、会社や組織の広報としての利用も増えてきました。」と指摘している。

　ＳＮＳの具体的な種類については、取り扱うテーマや主な接続機器、会員制の仕組などによって多様にあげることができるが、総務省情報通信政策研究所が実施する「情報通信メディアの利用時間と情報行動に関する調査」（平成29（2017）年度分）では、「ソーシャルメディア系サービス／アプリ」というカテゴリーを設けた上で「mixi」、「Facebook」、「GREE」、「Mobage」、「Twitter」、「LINE」、「Google+」、「YouTube」、「ニコニコ動画」、「Snapchat」、「Instagram」の11のサービスの利用状況（利用の有無及び「書き込む・投稿する」ことの有無）を調査している。以上のサービスは日本で現在利用されている主なＳＮＳであると言えるが、これらに限っても一口に説明することは困難である。

　前出の総務省のサイトでは、ＳＮＳの特徴について「自分のホームページを持つことができ、そこに個人のプロフィールや写真を掲載」できること、「ホームページには、公開する範囲を制限できる日記機能などが用意されていたり、アプリケーションをインストールすることにより、機能を拡張したり」できること、「Webメールと同じようなメッセージ機能やチャット機能、特定の仲間の間だけで情報やファイルなどをやりとりできるグループ機能など、多くの機能を持って」いること、「パソコンだけではなく、携帯電話やスマートフォンなど、インターネットに接続できるさまざまな機器で、いつでもいろいろな場所で使うこと」ができることがあげられている。誰にとっても不特定多数の人々を対象とする情報発信が可能となり、かつ多様なコミュニケーション機能による双方向性を長所としていると言える。

## 2．ＳＮＳの利用目的と「学習」

　大半のＳＮＳは学習（支援）を明確な目的として開発・普及されてきたわけでない。しかし、「学習」の捉え方にもよるが、大半のＳＮＳは何らかの形で学習に寄与しており、学習支援のためのツールとしてもその意義を明らかにすることが求められていると言える。

　総務省が実施する「通信利用動向調査」（2018（平成30）年度）によると、6歳以上の個人単位でのＳＮＳの利用状況を見ると、全体の56.3％が過去1年間にＳＮＳを利用している。年代別に見ると、「13〜19歳」及び「20代」、「30代」ではいずれも7割を超え、「40代」が68.2％、「50代」が57.2％、「60代」が35.7％、「70代」が20.5％、「80歳以上」が11.0％となっているが、ここではその利用目的に注目し、ＳＮＳと学習支援の関連について検討する。

　通信利用動向調査では、ＳＮＳの利用目的を「従来からの知人とのコミュニケーションのため」、「知りたいことについて情報を探すため」、「同じ趣味・嗜好や同じ悩み事・相談事を持つ人を探したり交流関係を広げるため」、「自分の情報や作品を発表したいから」、「災害発生時の情報収集・発信のため」、「昔の友人・知人を探すため」、「ストレスを解消するため」、「ひまつぶしのため」、「その他」に大別している（複数回答可）。このうち、まず学習支援との関連がイメージしやすいのは「知りたいことについて情報を探すため」であろう。当該情報が学習情報としての「案内情報」なのか「（学習）内容情報」なのかといった違いはあるにしても、ＳＮＳが個人の学習における「学習情報の獲得」という役割をどの程度担っているのか、押さえておく必要がある。

　「知りたいことについて情報を探すため」にＳＮＳを利用した人は全体の56.1％と半数を超えており、利用目的の中では「従来からの知人とのコミュニケーションのため」（全体の85.5％）に次いで割合が高い。年代別に見ると、「13〜19歳」から「70代」までのすべての年代で5割を超えており（「20代」と「70代」では6割超）、「80歳以上」でも41.7％となっている。「知りたいことについ

204

て情報を探すため」にＳＮＳを利用していない人がどの世代にも一定数（３割
強〜６割弱）存在しているということでもあるが、やはり情報源としてのＳＮ
Ｓの役割は無視できないであろう。

　また、ＳＮＳと「集団学習」の接点という意味では、「同じ趣味・嗜好や同じ
悩み事・相談事を持つ人を探したり交流関係を広げるため」という利用目的も
学習支援との関連が強いと言える。「同じ趣味・嗜好や同じ悩み事・相談事を持
つ人を探したり交流関係を広げるため」にＳＮＳを利用した人は全体の21.5％
であり、「知りたいことについて情報を探すため」と比較して割合は低い。年代
別に見ると、「13〜19歳」及び「20代」、「30代」ではいずれも２割を超えており
（「20代」は30.1％）、「40代」以降は「80歳以上」までいずれの年代も１割台と
なっている。

　さらに、情報の発信側の立場からの「学習情報の提供」及び「学習成果の活
用」という意味で、「自分の情報や作品を発表したいから」という利用目的にも
注目する必要がある。「自分の情報や作品を発表したいから」という理由でＳＮ
Ｓを利用した人は全体の10.5％であり、「同じ趣味・嗜好や同じ悩み事・相談事
を持つ人を探したり交流関係を広げるため」よりもさらに割合は低くなってい
る。年代別に見ると、１割を超えるのは「20代」、「30代」、「70代」となってい
る一方、最も割合が低い年代は「40代」となっており、前出の二つの利用目的
と比較して年代が上がるにつれて割合が低下するという傾向は弱い。

　これら以外の利用目的も学習支援との関連が考えられないわけでないが、以
上三つの利用目的は学習支援との関連が特に強いと言える。


## 3．ＳＮＳによる学習支援

　今後、学習支援に特化したＳＮＳの開発が進められることは予想されるにし
ても、既存のＳＮＳが利用者の「学習」と少なからず関連していることを踏ま
えるならば、その活用方法の工夫によってより効率的・効果的な学習支援がど

のように考えられるのかという点は重要であろう。そこで、これまで取り上げた内容をもとに、「学習情報の提供・獲得」、「集団学習のきっかけづくり」、「学習成果の活用」という三つの観点から、ＳＮＳによる学習支援の在り方を整理する。

　まず、「学習情報の提供・獲得」については、学習情報に限ることではないが情報の「真偽」への配慮が必要となる。災害発生時等に代表されるように、悪意が無くても誤った情報が拡散されてしまうことは珍しくない他、学習情報（特に内容情報）の特性上、受け手にとっての分かりやすさを重視することが情報の不正確性（受け手の誤解）につながってしまうというケースも想定される。そもそもＳＮＳは情報提供の体系性よりも簡便さをメリットとしている側面があり、学習情報源としてのＳＮＳの意義そのものを否定するのではなく積極的に捉えた上で、ＳＮＳのみが学習情報源となってしまうような学習環境を回避する方策を検討する必要がある（そもそもＳＮＳ自体が既存の情報源への依存状況を改善するために活用されてきたという経緯がある）。

　次に、「集団学習のきっかけづくり」については、ＳＮＳにより形成されるつながりの特性をどのように生かすのかという点が問われるであろう。ＳＮＳにより形成されるつながりと、対面等によって（物理的距離の近い状況において）形成されるつながりが個人にとって必ずしも分離して存在しているわけではないことは言うまでもない。また、ＳＮＳにより形成されるつながりと対面等によって形成されるつながりの相対的強弱を容易に比較できるわけではないことも明らかである。ＳＮＳ＝「遠隔学習（支援）のためのツール」と単純に位置付けることは（たとえ遠隔学習をどれだけ広義に捉えるにしても）避けた方がよく、多様な集団学習に結び付きうる可能性に注目することが望ましいと考える。

　最後に、「学習成果の活用」については、基本的に肯定的な側面が強調されてきており、今後ますますその方向でのＳＮＳの活用が進められることが予想さ

れる。もちろん、「学習情報の提供・獲得」などにもかかわることとして、著作権を含む様々な人権への配慮が求められることは当然であるが、「創造」と「発信」を一体的に行う上でSNSの担う役割は大きいと考えられる。学習支援に特化したSNSの開発にあたり、「学習情報の提供・獲得」及び「集団学習のきっかけづくり」についてはおのずと重視されることになるであろうが、「学習成果の活用」という側面も重視されるべきである。

　なお、以上の三つの観点に共通することとして、SNSによる学習支援は、その支援の対象となる学習者（個人及び集団）以外から見た場合、具体的にどのような学習支援が行われているのか、そしてその中でどのような学習が進行しているのか見えにくいという点も指摘することができる。それは、SNSによる学習支援の普及が、学習活動の「個人化」とは区別された意味での「個別化」を促すことにもなりうるということであり、その意味に対する評価も社会的に検討されることが望ましい。

### 第5節　学習相談による学習支援

#### 1. 学習相談の理解

　生涯学習の現状を見ると、学習をしてみたいと思う理由や内容は多岐にわたっている。[13]　各自の興味・関心やニーズに基づいて学習を進めるとすれば、それらを生かした学習計画を立てる必要がある。その際には、多様な学習資源、学習方法、学習形態の中から、その学習に適したものを選び出さなければならないし、それらはその人の学習レベルや生活条件に合うものでなければならない。もしそうでなければ、学習意欲の減退や経済的・時間的理由などにより、当初の目的を達成する前に学習を中断してしまう可能性がある。

　しかし、そのような学習計画のつくり方は簡単なことではない。その上、いろいろな条件を入れて作成した学習計画であっても、学習を進めていく中でうまくいかないところがみつかったり、興味・関心が変化したりして、それを修正

しなければならないこともある。また、自分一人では解決できないような、思わぬ問題が生じることもあるだろう。

　このように、学習には様々な困難が伴うが、そのようなときの相談に応じるのが、ここで言う学習相談である。以下では学習相談の基本的なことを取り上げ、学習相談がどのようなものであるかについての理解を深めることにしたい。

(1)　学習相談の定義

　学習相談とは、学習者（学習グループを含む）や学習希望者（以下、学習者）の学習上の悩みや問題の解決を図る助言・援助活動である。そのような事業や仕組を言うこともある。学習相談はあくまで学習上の問題についての相談に応じるもので、相談に来た人を教育したり、心理学的・医学的な観点から相談に来た人の心の問題の解決を図ったりするものではない。

(2)　学習相談の機能

　学習相談には、①学習者と学習資源とを結び付ける機能、②学習者の学習上の問題を解決する機能、③学習者の「学習の仕方」の学習を支援する機能、がある。

①　学習者と学習資源とを結び付ける機能

　学習相談では、学習者の必要に応じて案内情報を提供する。案内情報とは学習情報のうち学習機会等を選択する際の助けとなる情報のことで、

　　ⅰ．学習機会についての情報（例：講座・教室のプログラム、開催地域、参加条件等）
　　ⅱ．施設についての情報（例：所在地、交通案内、利用方法等）
　　ⅲ．生涯学習関係団体・グループについての情報（例：活動目的、活動内容、参加条件等）

ⅳ．指導者についての情報（例：講師の指導内容、指導レベル、指導条件
　　　等）

ⅴ．教材についての情報（例：教材の種類、貸出機関の所在地、貸出条件
　　　等）

ⅵ．各種資格についての情報（例：受験資格、試験内容、受験料等）

などがある。

　ここで案内情報の役割に着目すると、案内情報が媒介となって、学習者と
学習資源とを結び付けているということができる。学習相談の学習者と学習
資源とを結び付ける機能というのは、このことを言っている。

② 学習者の学習上の問題を解決する機能

　従来から公民館や図書館などでは職員が折に触れて学習者の相談に応じて
きており、また、多くの学習者が訪れる「学習相談窓口」もある。[14]

　学習者が相談に訪れるのは、学習にかかわって一人では解決できない問題
が出てきて、それを解決するためのアドバイスを求めている時である。学習
相談に学習者が期待しているような問題解決機能がなければ、学習者は学習
相談を利用することはないだろう。

③ 学習者の「学習の仕方」の学習を支援する機能

　学習相談では上述したように問題解決を図る助言等を行うが、その過程は
学習者の側から見れば自分に合った学習計画の立て方[15]、学習の技法[16]、自己の
学習活動の状態を客観的に認識・評価し、必要に応じて学習活動を修正する
方法[17]などの学習の仕方を学習する機会にもなる。

　このように学習の観点から学習相談を捉えれば、学習相談には学習者の「学
習の仕方」の学習を支援する機能があると言える。

(3)　学習相談の内容

　学習相談は学習者の学習活動の全プロセスにかかわり、学習を始める段階から学習成果を生かす段階に至るまで様々な場面で利用される。

　ここでは人々が学習を進めていく過程を四つのステップに分け、それぞれの[18]ステップとの関連で学習相談の内容を整理した（**表6-2**）。

**表6-2　学習ステップと学習相談の内容**

| 学習ステップ | 相　談　内　容 | |
| --- | --- | --- |
| | 個　　　人 | グループ・サークル・団体 |
| i 学習計画を立てる（修正する） | • 生活課題の発見<br>• 学習ニーズの診断<br>• 学習の場・機会・教材等についての情報提供<br>• 学習計画のつくり方<br>• 学習計画の修正方法（問題の所在の探求） | • 仲間づくりの方法<br>• 地域課題の発見方法（人々の学習ニーズに関する資料の提供<br>• 学習の場・教材・講師等についての情報提供<br>• グループ・団体の学習プログラムの作成方法<br>• 学習プログラムの修正方法（問題の所在の探求）<br>• ＰＲの方法 |
| ii 学習活動を実施する | • 学習の仕方についての情報提供 | • 人間関係について<br>• 集団学習の方法<br>• 団体運営の方法<br>• 学習プログラムの展開方法 |
| iii 学習成果を評価・活用する | • 自己評価の方法<br>• 学習成果の活用の機会についての情報提供 | • 学習プログラムの評価や団体活動評価の方法<br>• 学習成果の活用の場・機会についての情報提供<br>• 活用の場の開発方法 |
| iv 次の段階の学習課題を発見する | • 新しい課題の探求について | • 新しい課題の探求について |

これらは主な相談内容の例を示したもので、実際にはこの他にもいろいろある。

(4) 学習相談の方法

　学習相談の方法には、面接による相談、電話による相談、郵便・ＦＡＸによる相談、Web 会議システムによる相談、e メールによる相談などがある。近年は、インターネットを活用した学習相談も増えている。<sup>(19)</sup>

(5) 学習相談を行う人に求められる資質・能力

　学習相談を行う人には、次のような資質・能力が求められている（**表6-3**）。

　学習相談にあたっては、これらの資質・能力を相互に関連させて学習者の学習上の悩みや問題の解決を図ることになる。

### 表6-3　学習相談を行う人に求められる資質・能力

| 基礎的資質 | ・生涯学習に関する基本的な知識<br>・学習者の問題解決に根気よく対応する意欲・態度<br>・より効果的な学習相談を目指す自己啓発への意欲<br>・幅広い教養<br>・地域の学習情報提供システムの構造を理解していること<br>・学習者のニーズと学習機会等を提供する機関・施設・団体等のニーズを調整する能力（コーディネート能力） |
|---|---|
| 情報収集・処理・提供に関わる能力 | ・地域の学習情報提供システムを使って情報を検索する能力<br>・地域の学習情報を収集し、それを加工・処理する能力<br>・他の学習相談窓口の学習相談員とのネットワークや他の相談窓口（例えばボランティア相談や教育相談等）とのネットワークを築く能力<br>・インターネットやパソコン等のＩＣＴを活用する能力 |
| コミュニケーションに関わる能力 | ・学習者の話を聞き、その内容や潜在的なニーズ等を把握する能力<br>・問題解決策を誘導することなく学習者自身がそれを探すことができるように助言したり、情報を提供する能力 |
| 「学習の仕方」についての知識・技術 | ・自分に合った学習計画の立て方、学習の技法、学習活動の状態を客観的に認識・評価し、必要に応じて学習活動を修正する方法などの「学習の仕方」全般に関わる知識・技術<sup>(20)</sup> |

## ２．学習相談フローとツール

　学習相談の質を保つために、学習相談フローとツールの開発が求められる。ここでは学習相談フローとツールとして学習相談カードと学習相談コードの例を紹介する。


(1)　学習相談フロー

　学習相談フローとは、学習相談の手順のことである。学習相談カードに記録したりそれを整理・保管したりするなど、学習相談にはある程度決まった作業がある。また類似した相談も数多くある。そのため、学習相談員の負担を軽減し、一定レベルの学習相談の質を確保するために、おおよその学習相談の手順を示した学習相談フローを作成することが望まれる。

　学習相談のフローは、面談、電話、文書、ＦＡＸ、ｅメールの方法によっても多少異なるであろうが、面談を前提として基本形をつくり、他の方法についてはそれを応用すればよいであろう。

　学習相談フローの基本形を作成するにあたって、ここでは２点のステップを導入した。その一つは問題解決ステップであり、もう一つはカウンセリングのステップである。

　問題解決ステップについては、学習相談には学習者の学習上の問題を解決する機能があることから導入した。問題解決ステップは、一般的には、問題の自覚→現状の把握と分析→問題解決目標の設定→問題解決策の探索と確定→問題解決手順の決定→問題解決の実行→評価の七つのステップから成る[21]。しかし、学習相談での支援は解決策の探索やその選択・確定までが中心となるので、学習相談フローでは問題解決手順の決定、問題解決の実行、評価のステップは除いた。

　また、カウンセリングのステップを導入することについてであるが、学習相談では、学習者と学習相談員とのコミュニケーションを通して、学習者の不安を

212

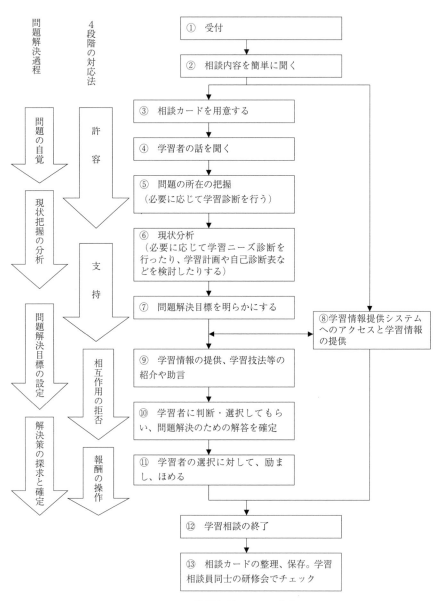

**図6-4　学習相談フロー 学習**

取り除き学習者が自らの力で問題を解決できるように支援することになる。カウンセリングには幾つかの手法があるが、生涯学習は自発的、主体的に行うものなので、非指示的な（non-directive）手法の方が指示的な（directive）手法よりも適していると考えられ、許容→支持→相互性の拒否→報酬の操作という4段階の対応法を導入した。[22]

　具体的に言えば、まず学習者の悩みや考え方を黙って聞く段階（許容）、次に学習者が自ら解決策を出そうとしたときには学習相談員がそれについて賛成したり同調したりする段階（支持）、さらに学習者が自分で事態を把握したり解決策を判断できるようになったら学習者自身に選択を任せる段階（相互牲の拒否）、最後に学習者が自分で解決策を選択したらその行動をほめ、自分で学習活動ができると励ます段階（報酬の操作）である。実際には、この4段階を行きつ戻りつしながら学習相談を進めていくことになる。

　このような考え方に基づき幾つかのステップに分けて学習相談フローを示したのが図6-4である。学習相談員の対応は、大別すると学習情報（案内情報）を提供すればよいものと、学習上の悩みを聞き、問題が解決できるようアドバイスするものに分けられる。このため、学習相談フローも大きくは2種類のフローに分かれている。図6-4の②でフローが二つに分かれるのがそれで、右側のフローが前者であり、左側のフローが後者である。後者のフローの場合、前述の問題解決ステップと許容→支持→相互性の拒否→報酬の操作の4段階の対応法が関係付けられている。それらについては左側の矢印で示してある。

　学習相談の受付（①）が始まると、簡単に用件を聞き（②）、学習情報（案内情報）を提供すればよい場合には右側のフローに進み、⑧の作業を行う。例えば、英会話を学ぶ機会を紹介してほしい等の相談があげられる。それに対して、問題が複雑で、案内情報を提供すれば済むというものではない相談の場合は、学習相談カードを用意する。学習相談カードとは、学習者の相談内容と相談員の回答などを簡単にメモしておくものである。

　学習相談員は、学習者が抱える問題を理解するためにも学習者の話をよく聞く必要がある（④）。問題が漠然としているときには学習診断等を行って問題の所在を明らかにする（⑤）。問題解決策を見つけるためには、現状分析が重要で、学習ニーズ診断を行ったり、学習者の学習メニューの見直し、学習評価（自己評価）の検討などを行ったりする（⑥）。

　現状分析の段階ぐらいになると、学習者も自分の状態を認識できるようになると思われる。したがって、それまでは学習相談員は学習者の話を黙認・許容して聞き、さらに学習者の判断を積極的に支持したり賛成したりして、自立に向かわせることが大事である。

　次に学習者に目標とする状態を考えてもらう（⑦）。目標とする状態とは、問題が解決された状態である。その目標がはっきりしたら、目標達成のために必要な学習情報（案内情報）を提供したり、学習技法等を紹介したりする（⑧⑨）。解決策にはいろいろあろうが、どのような解決策をとるかは学習者に考えてもらい、その選択は学習者に委ねる（⑩）。学習者が解決策を選択したら、その行動をほめ、実行に移すように励ます（⑪）。

　学習相談はここで終了するが（⑫）、その後にも学習相談員にはすべき作業がある。まず、学習相談カードに記入漏れがないかを確認し、必要事項を記入する（⑫）。対応の仕方に問題がありそうな事例については、学習相談員同士の反省会や研修会等で検討してもらう。改善すべき点がある場合には学習相談カードにその点についてのメモを記入する（⑬）。学習相談カードは一定の分類基準（相談コード）にしたがって保存する。過去の学習相談事例は次の学習相談で利用できるからであり、さらに学習相談カードを整理することにより行政上の資料等として活用することもできるからである。学習相談カードの整理・保存の手続きが終わると、その学習相談は完了することになる。

⑵　学習相談カードと学習相談コード

　学習相談カードとは、学習相談の内容を記録するもので学習相談員による反省会・研修会で活用すると共に行政資料とするためのものである。反省会・研修会では学習相談カードをもとに学習相談員の回答がよかったかどうか、などを検討する。過去の相談内容は類似した学習相談があった場合に参考になるので、すぐに取り出して利用できるように学習相談コードで分類して保存しておくことになる。また行政資料にするとは、学習相談の内容はその地域の学習者の問題等を表しているので、行政資料としても活用できる。

　**図6-5**が学習相談カードである。相談内容と回答内容を記載するようになっており、分類して保存するために学習相談コードを記入する欄を設けている。備考欄には学習相談員同士の反省会・研修会での検討結果等をメモできるようになっている。

　**図6-6**が学習相談コードである。学習内容にかかわるコードを入れる一番左の欄、学習方法・形態に関わるコードを入れる中央の欄、年度を入れる右の欄から成っている。

　このほか、学習したいが何を学習してよいか分からないといった人の潜在的な学習ニーズを探る学習ニーズ診断シートや学習上の問題の所在を探る学習診断シート等のツールもある。また、名古屋市で活躍している学習グループの「特定非常利活動法人　生涯学習ネットワーク中部」はボランティアで学習相談を行っており、自分たちでツールの開発を行っている。学習相談事業を充実させるためには、創意工夫して様々なツールを開発することが望まれる。


## 3．eラーニング支援の学習相談

　今後はeラーニング・システムを活用して学習する人はますます増えるであろう。eラーニングの場合個人学習形態をとる場合が多いので、学習を継続させたり深化させたりする上で、学習者を励ましたりアドバイスしたりする学習

## 学習相談カード

相談コード ☐☐☐　　形態：面談　電話　FAX　eメール　　年　月　日

| 相談内容 |
| --- |
| |

| 回答 |
| --- |
| |

| 備考 |
| --- |
| |

図6-5　学習相談カード

| 学習内容コード | 学習方法・形態コード |
| --- | --- |
| 01　教養関係 | A　学習グループ |
| 02　趣味的なもの関係 | B　公的機関、施設の講座・教室・イベント |
| 03　健康・スポーツ関係 | C　カルチャーセンター |
| 04　職業関係 | D　職場の研修等 |
| 05　資格関係 | E　インターネット |
| 06　インターネットなどの情報関係 | F　テレビ・ラジオ |
| 07　家庭生活関係 | G　自宅で読書等 |
| 08　教育・育児関係 | H　図書館、博物館利用 |
| 09　社会的な問題 | I　学校 |
| 10　語学関係 | G　その他 |
| 11　ボランティア関係 | 学習方法・形態に関わらない相談はNを入れる |
| 12　その他 | |
| 学習内容に関わらない相談は0を入れる | |

| 学習内容コード | 学習方法・形態コード | 年度 |
| --- | --- | --- |

例）英会話の学習グループに関する相談の場合　| 10 | A | 2020 |

図6-6　学習相談コード（例）

相談員が重要な役割を担う。eラーニング・システムにおける学習相談員には次のような役割が期待される。

① 励ましたり悩みの相談に応じたりするメンター的な役割

　　学習者が学習からドロップアウトしないように、励ましたり悩みの相談に乗ったりする伴走者としての役割である。学習者の話に耳を傾け、学習者の受容に努める必要がある。

② 学習相談員としての役割

　　学習者のレベル、ニーズにあったコンテンツを紹介したり、学習の進め方などをアドバイスしたりする。いわゆる学習相談の役割を果たす。

③ コンテンツにかかわる専門知識・技術を持ったインストラクターとしての役割

　　学習内容に関する疑問に答える役割を果たす。一般の学習相談では内容情報の提供を行うことは基本的には禁止されているが、eラーニング・システムではそのような支援も必要と考えられている。回答はその道の専門家でなければできないため、各種の専門家のネットワークをつくり、ＩＣＴ（情報通信技術）を使ってどこからでも学習者の質問に答えられるようにするとよいであろう。

④ コンテンツと職業との関係をアドバイスするキャリア・アドバイザー（career adviser）としての役割

　　eラーニングでは職業・資格取得にかかわる学習が多くなると予想されるため、職種にあったコンテンツを紹介したり、資格取得ナビゲーターの役割を果たしたりことが求められる。ＦＡＱで対応することも考えられる。さらに、就職・転職相談に応じるキャリア・アドバイザーも必要と言われている。ただし、その役割は学習相談の範疇を越えるものとなるであろう。

## 第6節　人権に配慮した学習支援

### 1. 人権と主な人権課題

　人権とは「すべての人々が生命と自由を確保し、それぞれの幸福を追求する権利」あるいは「人間が人間らしく生きる権利で、生まれながらに持つ権利」のことである。どのような人権課題があるか、主なものを以下に整理する。[23]

　① 女性（職場における差別待遇、セクシャル・ハラスメント、男女の固定的な役割分担意識、夫などからの暴力、ストーカー行為など）

　② 子ども（いじめ、体罰、親による虐待など）

　③ 高齢者（悪徳商法、高齢者を邪魔者扱いすること、病院等での虐待など）

　④ 障がい者（就職・職場で不利な扱いをすること、差別的な言動をすることなど）

　⑤ 同和問題（婚姻に親が反対すること、身元調査をすることなど）

　⑥ 外国人（アパート等の入居で差別的な取り扱いをすること、ヘイト・スピーチなど）

　⑦ 性的志向、性同一性障害（性的志向等について理解が足りないこと、差別的な言動をすることなど）

　⑧ インターネットによる人権侵害（他人への誹謗中傷や差別を助長する書き込み、出会い系サイトなど）

　アイヌの人々、ＨＩＶ感染者・ハンセン病患者、犯罪被害者、ホームレスといった人々をめぐる人権課題もある。長い歴史的背景を持つものもあれば、国際化や情報化といった社会の変化を受け生じてきた課題もあるし、課題の具体的内容も変化してきている。

　例えば、「性的志向、性同一性障害」ではこれまで「ＬＧＢＴ」という用語で[24]

語られることが多かったが、最近では多様な性の在り方をめぐる課題を包摂する用語として「ＳＯＧＩ」（ソジ、Sexual Orientation and Gender Identity、性的指向と性自認）が使われるようになってきた。また近年では、いわゆるヘイトスピーチ（hate とは「嫌悪する」といった意味）が社会問題化し、このため2016（平成28）年に「本邦外出身者に対する不当な差別的言動の解消に向けた取組の推進に関する法律（ヘイトスピーチ解消法）」が施行され、不当な差別的言動を解消するための教育活動等の充実が喫緊の課題となっている。2019（平成31）年には「アイヌ文化の振興並びにアイヌの伝統等に関する知識の普及及び啓発に関する法律」、「旧優生保護法に基づく優生手術等を受けた者に対する一時金の支給等に関する法律」が成立するなど、人権課題への国の対応も続いている。

　人権教育とは「人権尊重の精神の涵養を目的とする教育活動」であり、人権啓発とは「国民の間に人権尊重の理念を普及させ、及びそれに対する国民の理解を深めることを目的とする広報その他の啓発活動」（人権教育及び人権啓発の推進に関する法律第二条）だが、「誰もが生き生きと暮らすことができる社会」を実現するためには、「互いの違いを認め合い、相手の気持ちを考え、思いやることのできる心」（「平成30年版　人権教育・啓発白書」）を育むことが重要であり、このため学校教育、社会教育において様々な取組がなされている。

## ２．人権に配慮するということ

　人権教育や人権啓発が重要であることは論を俟たないが、一方で多様な人々を対象とした学習支援を行うときであっても、上記したような人権尊重の重要性や人権課題の理解に努め、人権に配慮した取組が求められる。例えば、大学の例ではあるが、近年、性同一性障害の学生などから、学籍簿の記載や授業、学生生活において氏名の変更を求める事例が多くなってきているが、ＬＧＢＴやＳＯＧＩに無理解なままでは誠実な対応はできないだろう。また、障がい者か

らの要望の意味を理解することなく、予算がないから、人が足りないからといった対応することは許されない。

　生涯学習・社会教育にかかわる関係職員や指導者等には、人権教育・人権啓発の直接の担当者ではなくても、人権を尊重しようとする感性とともに、個別の人権課題についての知識や理解が求められ、決して無自覚であってはならない。この意味で、社会教育主事等の養成段階や現職研修において、「人権」にかかわる内容を機会があるごとに取り上げていくことが重要となる。同時に一人一人が関係する社会問題や政策の動きなどについて、常に意識し続けることが求められる。

## 3. 障がい者に対する配慮

　障がい者については、2016（平成28）年に「障害を理由とする差別の解消の推進に関する法律」（障害者差別解消法）が施行され、国及び地方公共団体の機関・施設や企業、店舗などの事業者に対し、障がい者（身体障害、知的障害、精神障害、発達障害その他心身のはたらきに障害がある者）への、障害を理由とする差別の解消に向けた取組が義務あるいは努力義務（努力することが義務）として課せられている。

　一つは「不当な差別的取扱い」の禁止であり、もう一つは「障害者への合理的

| | 不当な差別的取扱い | 障害者への合理的配慮 |
|---|---|---|
| 国の行政機関・地方公共団体等 | 禁止 不当な差別的取扱いが禁止されます。 | 法的義務 障害者に対し、合理的配慮を行わなければなりません。 |
| 民間事業者<br>※民間事業者には、個人事業者、NPO等の非営利事業者も含みます。 | 禁止 不当な差別的取扱いが禁止されます。 | 努力義務 障害者に対し、合理的配慮を行うよう努めなければなりません。 |

**図6-7　内閣府作成リーフレット「障害者差別解消法が制定されました」**
https://www8.cao.go.jp/shougai/suishin/pdf/leaf_seitei.pdf

配慮」の提供である。「不当な差別的取扱い」とは、障害を理由に、正当な理由なく、サービスの提供を拒否したり、制限したり、条件を付けたりするような行為のことであり、「合理的配慮」とは、障がい者一人一人の障害特性や場面に応じて発生する障害・困難さを取り除くため、障がい者の求めに応じて、個別に調整や変更をすることを言う。

　民間事業者にあっては、この合理的配慮は努力義務となっているが、この民間事業者には個人事業者、ＮＰＯ等の非営利事業者も含まれる。私立の博物館やＮＰＯ法人が設置する青少年教育施設などが想定される。地方公共団体が設置する公民館等の

**図 6−8　内閣府作成リーフレット「『合理的配慮』を知っていますか？」**
https://www8.cao.go.jp/shougai/suishin/pdf/gouriteki_hairyo/print.pdf

社会教育施設では、「不当な差別的取扱い」は禁止であり、「合理的配慮」の提供も法的義務ということになる。内閣府が作成したリーフレット**図 6−8**にあげられている不当な差別的取り扱いや合理的な配慮の具体例は以下のようなものである。


　＜不当な差別的取り扱いの具体例＞
　〇受付の対応を拒否する
　〇本人を無視して介助者や支援者、付き添いの人だけに話しかける
　〇学校の受験や、入学を拒否する

222

○（不動産業などで）障がい者向け物件はないと対応しない

○保護者や介助者がいないとお店に入れない


＜合理的配慮の具体例＞

○障害のある人の障害特性に応じて、座席を決める

○障害のある人から、「自分で書き込むのが難しいので代わりに書いてほしい」と伝えられたとき、代わりに書くことに問題がない書類の場合は、その人の意思を十分に確認しながら代わりに書く

○意思を伝えあうために絵や写真のカードやタブレット端末などを使う

○（電車・バスや施設内で）段差がある場合に、スロープなどを使って補助する


　これらを参考に、例えば公民館などでは、施設管理上あるいは、講座等の学習プログラムを企画・実施する際に、どのような行為が「不当な差別的取扱い」となり、どのような対応が「合理的配慮」を提供することになるか、考えてみてほしい。なお、合理的配慮の提供は、行政の機関・施設や民間事業者が過重な負担にならない範囲で、障がい者の希望を聞きながら、どのような配慮をしたらよいか、できるかを話し合い、両者の合意のもとで行われることとなる。


### 注

（1）　服部英二「大学開放」日本生涯教育学会『生涯学習研究 e 事典』
　　　http://ejiten.javea.or.jp/content447b.html, 2019年4月25日閲覧。

（2）　内閣官房人生100年時代構想推進室「リカレント教育、大学改革参考資料」、2017（平成29）年。

（3）　文部科学省「大学における教育内容等の改革状況について（平成28年度）」

（4）　吉川弘「団体活動」、伊藤俊夫・河野重男・辻功編著『新社会教育事典』第一法規、

1983（昭和58）年、351〜356頁、及び加藤雅晴「団体運営の方法」、日本生涯教育学会編『生涯学習研究 e 事典』http://ejiten.javea.or.jp/index.html、2006（平成18）年10月27日登録、2019年 4 月22日閲覧を参照。

(5)　一般に組織とは「何らかの目的を達成するために、意図的に、かつ公式的につくられた持続的な役割システム」（田尾雅夫『組織の心理学』有斐閣、1991（平成 3 ）年、235頁）で、システムとは「要素の集合とそれらの間の関係からなる全体」（今田高俊「一般システム理論」（森岡清美・塩原勉・本間康平編『新社会学辞典』有斐閣、1993（平成 5 ）年、54〜55頁）、55頁）である。

(6)　役割は「地位に付随した、集団や社会によって期待され、行為者によって取得される行動様式」（小林直毅「役割」、見田宗介・栗原彬・田中義久編『社会学事典』弘文堂、1988（昭和63）年、878頁）で、地位とは「個人、家族、親族など、特定の個人ないし一定範囲の人々によって、所与の社会システム内で占められている位置」（斎藤吉雄「地位」、前掲森岡清美他編書、982頁）である。

(7)　松下倶子「団体・グループ活動におけるリーダーシップ」、日本生涯教育学会編『生涯学習研究 e 事典』http://ejiten.javea.or.jp/index.html、2006（平成18）年11月 2 日登録、2019年 4 月22日閲覧。

(8)　野外教育では、組織キャンプ（organized camp）を活動形態に持つことがあるが、これは、社会的に責任のある団体等が、何らかの教育目的を掲げ、その達成のために計画・準備等を行い、計画から実施に至るまでのスタッフの役割・責任を明確にし、プログラムを効果的に展開するための組織を作って行うキャンプのことである（白木賢信「野外教育」、浅井経子企画編集代表『生涯学習支援の道具箱』一般財団法人社会通信教育協会、2019（平成31）年、74頁を参照）。

(9)　キャンプカウンセラーは、注（8）の組織キャンプにおける小集団（キャンパー（参加者）グループ）に配置されるリーダーで、その任務は、上記グループを民主的に運営すること、キャンパーの生活の管理を行うこと、キャンパーの健康を管理すること、キャンパーにキャンプ生活で必要な技術を指導すること、他のリーダーと協力して組織を運営することなどがあげられる。Mitchell,A.V.& Crawford,I.B.（1961）"CAMP COUNSELING"（兼松保一訳『キャンプ・カウンセリング』ベースボール・マガジン社、1966（昭和41）年）、松田稔『ザ・キャンプ―その理論と実際―』創元社、1978（昭和53）年、日本キャンプ協会編『キャンプ指導の手引き』同発行、1981（昭和56）年、江橋慎四郎編『野外教育の理論と実際』杏林書院、1987（昭和62）年などを参照。

(10)　山本恒夫「社会教育活動分析の枠組」（『国立社会教育研修所紀要』第 1 集、1967（昭和42）年、33〜50頁）などを参照。なお、行動様式とは行動の仕方のことであり、

行動の仕方とは一連の計画的な手続きのことである（同参照）。

(11)　山本恒夫「生涯学習事象理論」（日本生涯教育学会編『生涯学習研究 e 事典』http://ejiten.javea.or.jp/index.html、2013（平成25）年 4 月17日登録、2019年 4 月22日閲覧）を参照。

(12)　総務省「国民のための情報セキュリティサイト」（http://www.soumu.go.jp/main_sosiki/joho_tsusin/security/basic/serv　ice/07.html）

(13)　内閣府『生涯学習に関する世論調査』などを参照。

(14)　例えば横浜市では先導的に学習相談事業の開発を行い、1994（平成 6 ）年から市内全区に学習相談員を配置している。2018（平成30）年の相談件数は17,195件であった。横浜市教育委員会『横浜市生涯学習平成30年度事業概要』、2019（平成31）年 3 月、http://www.city.yokohama.lg.jp/kurashi/kyodo-manabi/shogaigakushu/hokokusho/jigyo-guiyo/gaiyo30.html を参照。

(15)　様々な学習資源に関する情報を収集し、その中から自分のニーズやレベル、生活条件に合った学習計画を立てる方法。ここには学習目標の設定も含まれる。

(16)　例えば、本の読み方、文章の書き方、話し方、各種メディアの使い方、表現の仕方、情報の検索の仕方等があげられる。さらに生涯学習の領域では、討議法、ワークショップの方法、グループ・団体活動の運営方法等についての知識・技術など集団学習を進める時に用いる方法も学習の技法に含まれる。また、ＫＪ法、形態分析法、チェックリスト法、特性要因図といった問題解決技法もここに含まれる。ここで言う問題解決技法は、問題解決のために設定される目標を達成する手段の総称のことで、発想法やものごとを分析したりまとめあげたりする技法などが含まれる。高橋誠『問題解決手法の知識〈新版〉』日本経済新聞社、1999（平成11）年、26〜43頁等を参照。

(17)　具体的には、学習目標をどの程度達成したか、学習計画を予定のペースでこなしているか、どこに学習上の問題があるかなどを正しく認識・評価し、軌道修正すべきところがあれば、それを行ったりする方法。

(18)　髙橋利行「学習支援情報の種類とその提供」、山本恒夫他編著『社会教育計画』文憲堂、2007（平成19）年、132頁。

(19)　例えば、兵庫県の学習情報ネットワークシステム「ひょうごインターキャンパス」の学習相談では、利用登録者の相談をウェブ上で受け付けている他、頻繁に尋ねられる質問とその回答を集めたもの（ＦＡＱ　Frequently Asked Questions）をウェブ上に公開している。詳細は http://www2.hyogo-intercampus.ne.jp/HIC/general/top/top.aspx を参照。

(20)　学習の仕方については本書208頁③（17行以下）を参照。

(21)　高橋誠前掲書、伊藤俊夫・山本恒夫編著『生涯学習の方法』第一法規、1993年等を参照。

(22)　4 段階の対応法は、しつけによる子どもの社会化の過程を親の側から見たものとして T．パーソンズにより唱えられたものである。具体的に言えば、パーソンズはトイレット・トレーニングなどによる子どもの社会化の過程は、神経症の患者に対する精神分析的な心理療法と似ていると考えて、この 4 段階説を提唱した（山村賢明『日本の親・日本の家庭』金子書房、1983（昭和58）年、119頁）。

(23)　引用及び以下の整理については、法務省「主な人権課題」に拠る。http://www.moj.go.jp/JINKEN/kadai.html　2019年 4 月25日取得

(24)　ＬＧＢＴとは、Lesbian, Gay, Bisexual, Transgender　の頭文字を組み合わせた表現、用語。

(25)　法務省・文部科学省編「平成30年度版　人権教育・啓発白書」。引用は法務大臣、文部科学大臣連名による巻頭言から。


## 参考文献・資料

- 浅井経子編著『生涯学習概論－生涯学習社会の展望－ 新版』理想社、2019（令和 1 ）年
- 浅井経子・伊藤康志・原義彦・山本恒夫編著『生涯学習支援の道具箱』一般財団法人 社会通信教育協会、2019（平成31）年
- 国立教育政策研究所社会教育実践研究センター編『平成18年度　社会教育主事のための社会教育計画「理論編」』、2007（平成19）年
- 浅井経子「e ラーニング支援としての学習相談」、『ネットワーク社会における生涯学習』vol. 6 、2006（平成18）年所収
- 浅井経子「地域における e ラーニング支援の課題と可能性」、『ネットワーク社会における生涯学習』vol. 7 、2005（平成17）年所収
- 山本恒夫編著『生涯学習概論』東京書籍、1998（平成10）年
- 横浜市教育委員会『学習相談 HAND BOOK』1994（平成 6 ）年

## 付　学習の進め方シート

　生涯学習を支援するためには学習の進め方の理解は不可欠である。ここでは
その理解を図るために学習の進め方シートを紹介するので、自分の学習活動に
ついて各シートに書き入れてみよう。もちろん、学習の進め方は人様々である
ので、ここで示すものは一例にすぎない。それぞれ工夫して自分なりのシート
をつくってみることが望まれる。また、生涯学習支援の活動を行う際には、そ
れぞれが工夫して作成したシートを実際に使ってみるとよいであろう。

### 第1節　学習計画の作成1　－学習目標の明確化と学習情報の収集－

#### 1．学習計画の作成

　学習活動を継続させるためには自分に合った学習計画をつくる必要がある。
しかし、計画をつくっても計画通りには進まないと初めから諦めている人は少
なくないに違いない。むしろ、計画はその通りには実行できなくてもよいと考
えてはどうであろうか。計画はいつでも修正できるからである。計画をつくる
過程には、自分を知ったり自分の生活を見直したりするのに役立つ作業がいろ
いろある。

#### 2．学習目標の設定

　まず、学習目標を設定してみよう。学習活動を進める過程で、その目標にど
れだけ近づいたかを自己評価するためにも学習目標の設定は重要である。目標
を設定するにあたり、まず理想の状態と問題を抱えた現状と、両者の差を検討
し、その差をなくすためにどのような学習をしたらよいかを考える。

(1) 「こうなりたい」「このような生活がしたい」という望ましい状態を
書いてみよう。(このようなことをもっと深く知りたい、このようなこと
ができるようになりたいということでもよい。)

(2) いまの自分の状態、自分の生活の状態を書いてみよう。(直接自分の
生活にかかわらないことであっても、社会のことでおかしいと思うこと、
問題だと思うことでもよい。)

---

（3）　上記の（1）と（2）の差（ギャップ）を埋めるにはどうしたらよい
かを考え、どのような学習が必要かを書いてみよう。

---

　学習する必要性が自覚できたら、上記の「（1）こうなりたい」という状態に
なるための学習目標を具体的に検討する。例えば、習得する内容やレベルなど
である。「こうなりたい」という状態になるまでにかなりの年月を要する場合に
は、段階を区切り、当面の学習目標を考えるとよいであろう。

---

（4）　「こうなりたい」という状態になるための学習目標（レベルや習得す
べき内容等）を具体的に書いてみよう。かなりの年月を要するようであれ
ば、いま始めようとする学習活動の到達点を書いてみよう。

　上記の（4）がその学習者の学習目標である。

　学習目標が曖昧であると、学習活動への興味や意欲を失ったりするおそれがある。学習目標の明確化は、学習計画を作成するステップで最も重要な作業である。

　ただし、「こうなりたい」という希望が特定の学習内容に必ずしも結び付かない場合がある。例えば、友人がいなくて寂しいと感じている人がいたとしよう。寂しいと感じている状態が問題のある現状である。それに対して、「こうなりたい」状態とは、友人ができる、仲間ができる、ということになろう。そのために学習しようと思っても、その人にとっては何を学習するか（学習内容）はあまり大きな意味を持っていない。むしろ、グループ学習や講座に参加して友人を見つけることが重要なのかも知れないのである。

　そのような場合には、友人や仲間をつくりやすい学習機会を調べて、その中から一番興味のある学習内容を選択すればよいであろう。


## 3．学習情報の収集

　学習目標や学習内容がほぼ決まったら、自分のレベルや生活条件等にあった学習機会を探すことになる。それが学習情報の収集である。

　学習情報を収集する方法としては、次のようなものがあげられる。


- ・　生涯学習センターや公民館等の学習相談窓口を訪ねる
- ・　生涯学習センターや公民館、役所等でパンフレットやチラシを入手する
- ・　インターネットで検索する
- ・　地域の掲示板で探す
- ・　新聞の折り込み広告や広報紙で探す
- ・　新聞や関係雑誌に掲載されている広告で探す

見つからない場合には、関連する文献を読んでその学習内容が自分に合っているかを見定めてみるのもよいであろう。図書館や本屋を歩くなど、何らかの行動を起こしてみると予想もしなかった情報が得られることもある。

## （第2節）学習計画の作成2 －事前評価（自己評価）－

収集した学習情報から自分にあった学習機会を選択するためには、自分のレベルや能力に合っているかどうかを検討する必要があるが、自分のレベルや能力を自分で見極めることはそう易しいことではない。そこで、学ぼうとしている学習内容について、これまでの学習経験を思い出し、多少なりともその学習をした経験があるか、あれば学んだ時からどれほどの年月がたっているか、どれほどの知識や技術を覚えているかなどを、自分で検討してみてはどうであろうか。

また、生活条件にあっているかどうかも検討する必要がある。例えば、時間的余裕、経済的余裕、家族の理解等があげられる。

---

(5)　これから学ぼうとしていること（(3) にあげたこと）を、今までに多少なりとも学習した経験があるか。

　　・ない　→　初級から始めてみよう

　　・ある

　　　a　それはいつ頃か　（　　　　　年ぐらい前）

　　　b　どのレベルまで学習したか（　　　　　のレベルまで）

　　　c　どの程度覚えているか

　　　（かなり覚えている　少しは覚えている　ほとんど覚えていない）

a、b、cから判断して（　　　　）ぐらいのレベルから始めてみよう。

---

(6) 学習を行う際の条件

　　・1ヶ月にどのくらいお金をかけることができるか。

　　　　（　　　　　　　　）円まで


　　・自由になる曜日、時間帯はいつか。

　　　　・いつでもよい

　　　　・（　　　　　）曜日、（　～　）時頃


　　・学習場所はどのあたりがよいか。

　　　　・家から片道（　　　　　）分のところ

　　　　・職場から片道（　　　　　）分のところ

　　　　・その他（　　　　　　　　　　　　）


　　・その他の条件

　　　　（　　　　　　　　　　　　　　　　　　　　　）

---

**（第3節）学習機会の選択**

　何を学ぶか、どのレベルから始めるか、生活上の条件は何かなどがはっきりしたところで、収集した様々な学習機会の情報から自分の条件にあったものを選択することになる。学習機会といっても、その中には本や雑誌を読んだり、通信教育を受けたりすることも含まれる。また、何か学ぶというよりも「友人や仲間がほしい」ということが目標であれば、多様な学習機会から学習グループ・サークル等を選んだり、話し合い学習を取り入れた講座を選んだりする。

　(5)、(6) の条件等を再度確認し、それらにあった学習機会を書き出してみよう。

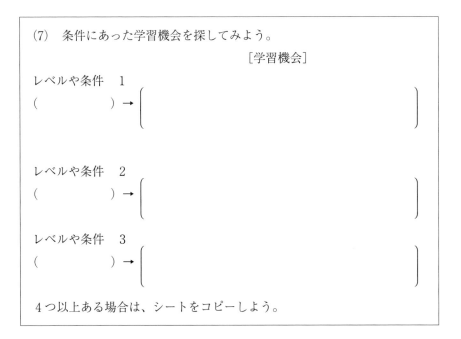

(7)　条件にあった学習機会を探してみよう。

[学習機会]

レベルや条件　1
（　　　　　　　）→

レベルや条件　2
（　　　　　　　）→

レベルや条件　3
（　　　　　　　）→

4つ以上ある場合は、シートをコピーしよう。

　上記（7）にあげた学習機会から、好ましいと思う学習機会を選ぶことになる。条件に優先順位をつけて吟味すればよいであろう。もちろん、選択する学習機会は一つとは限らない。学習機会が決まったら、それを組み合わせて学習計画を作成することになる。

## （第4節）学習計画表の作成

　学習計画表のつくり方にはいろいろあるので、下記の学習計画表等を参考に自分なりの学習計画表を作成しよう。

　まず、どのくらいの期間をかけて学習するかを考え、到達目標を考える。かなり長期にわたると予想される場合には、ステップを区切り、最初のステップの到達目標を設定する。学習機会は複数のものを組み合わせる場合もあるので、それによって学習計画表の様式は工夫する必要がある。

　計画表を作成しても、思わぬ用事ができたりするのでなかなか計画通りに学習を進めることは難しい。無理のない計画をつくることが望まれる。

| (8) 学習計画表を作成しよう | |
|---|---|
| 学習計画表（当面の計画） | |
| 学習内容 | |
| 学習目標<br>（目指すところ） | |
| 学習期間 | 　年　　　月　　　日〜　　　年　　　月　　　日 |
| 学習曜日・時間帯 | |
| 学習場所・講座名等 | |
| 心構え・座右の銘等 | |
| 備考（準備すべきこと等） | |

## （第5節）　自己評価（振り返り）の意義と留意点

　学習を進める中で自己評価（振り返り）を行うことは重要である。自己評価は、学習計画を作成したときにかかげた学習目標にどれほど到達したかを学習者自身が判断することである。その場合に、

- ・　学習目標からはずれた方向に学習が進んでいないか
- ・　学習目標に向かって着実にステップアップしているか
- ・　新たな学習課題が生じていないか
- ・　学習を阻害する要因が生じていないか

などについて考えることになる。
　自己評価の際の留意点を考えてみよう。

① 　誰でも実態以上のセルフイメージを持っているものであるが、自己評価は学習活動の状態を改善し向上させるために行うものなので、自分を客観的に見つめるように努める。
② 　ただし、自分の欠点ばかり見つめていると落ち込んでしまったり、必要以上の自己否定に走ってしまったりするおそれがある。自信をも持つことも大事なのでバランスをとるように心がける。

## （第6節）学習活動のチェックポイント1 ― 学習目標の自覚―

　自己評価を行う際のチェックポイントを幾つか紹介することにしよう。チェックポイントには学習内容面、学習方法面など様々な観点が考えられるが、ここで取り上げる観点は一つの例である。

　まず、学習計画を作成したときに学習目標を設定したが、それを自覚しているかどうかをチェックする。長い間、学習していると、ともすれば学習目標を忘れてしまったり見失ってしまったりしてしまうことがあるからである。

---

（9）学習活動のチェックポイント1
いま行っている学習は何を目指しているのか。学習目標をできるだけ具体的に書いてみよう。

---

　もし学習目標を書くことができなかった場合には、学習計画に記した学習目標をもう一度確認する。

## （第7節）学習活動のチェックポイント2 ― 指導者との関係 ―

　学習する中でいろいろな問題に遭遇する。その一つが指導者との関係である。

（10）学習活動のチェックポイント2

講師や先生などあなたを指導してくれる人がいるか。

1　いる

→　その人を師として信頼しているか。

1　信頼している

2　わからないが、特に問題は感じていない

3　違う先生に替わりたい

どのような先生がよいか。（具体的に）

```
┌─────────────────────────────┐
│                             │
│                             │
│                             │
│                             │
└─────────────────────────────┘
```

2　いない

→　指導してくれる人がいてほしいか。

1　ほしい

どのような先生がよいか。（具体的に）

```
┌─────────────────────────────┐
│                             │
│                             │
│                             │
│                             │
└─────────────────────────────┘
```

2　ほしくない

　もし指導者を替えたいと答えた場合、今は指導者はいないがほしい場合には、指導者についての情報を収集して、自分にあった指導者を探してみよう。

## (第8節) 学習活動のチェックポイント3 ― 学習仲間との関係 ―

　学習グループで活動している場合など、仲間との人間関係が学習意欲を強化することもあるが、逆に学習を阻害することもある。学習仲間との人間関係をチェックすることも重要である。

---

（11）学習活動のチェックポイント3

いま行っている学習で、一緒に学習する仲間はいるか。

1　いる

　　→　その人（たち）との人間関係はうまくいっているか。

　　　　1　うまくいっている

　　　　2　分からないが、特に問題は感じていない

　　　　3　人間関係に悩んでいる

　　　　　→あなたの態度に問題はないか。

　　　　　　　1　ある　　　　→自分の欠点を知って

　　　　　　　　　　　　　　　　やり直してみよう

　　　　　　　2　相手が悪い　→新しい仲間を探してみよう

2　いない

　　→　一緒に学習する仲間がほしいか。

　　　　1　ほしい　　　→　探してみよう

　　　　2　ほしくない　→　一人で学習しよう

---

## 第9節　学習活動のチェックポイント4 ― 学習内容・レベルとの関係―

　学習内容やレベルが合わない等の問題を抱えたままにすると学習することに苦痛を感じるようになってしまう。学習内容については、学習目標との関係を吟味すればよいであろう。レベルについても、自分に合ったレベルのものが好ましい。ただし、何度も学習を繰り返すうちに分かるようになることもあるので、まずは努力することも重要である。

---

(12) 学習活動のチェックポイント4-1
いま行っている学習の内容が自分のやりたいことと合わないと感じることがあるか。

　1　ない　→　このまま学習を続けてみよう。
　　　　　　　　何らかの問題がある場合は、それが何かを考えてみよう。

　2　ある　→　チェックポイント1に戻り、学習目標と今行っている学習内容が一致するか検討してみよう。
　　　　　　　　学習目標に合わない場合は、学習目標に即した学習内容で学習計画を作り直してみよう。

---

(13) 学習活動のチェックポイント 4-2

いま行っている学習で、「難しすぎる」、「分からないことが多い」あるいは「易しすぎる」、「知っていることばかりでつまらない」などと感じることがあるか。

1　ない　→　このまま学習を続けよう。

　　　　　　　何らか問題がある場合には、それは何かを考えてみよう。

2　ある　→　それはどのようなことか。

　　1　ときどき分からないことがある→自分で調べてみよう。

　　　　　　　　　　　　　　　　　　　あるいは仲間と一緒に検討してみよう。第10節を参照。

　　2　難しすぎて面白くない　　　　→自分で調べてみよう。

　　　　　　　　　　　　　　　　　　　あるいは仲間と一緒に検討してみよう。それでもついていけない場合には、自分のレベルにあった学習機会を探してみよう。

　　3　知っていることが多い　　　　→自分なりにまとめたり、研究したりして深めてみよう。仲間と具体例などを話し合ってみよう。

　　4　易しすぎて面白くない　　　　→自分なりにまとめたり、研究したりして深めてみよう。それでも面白くない場合には、自分のレベルに合った学習機会を探してみよう。

　　5　その他　（具体的にどのようなことかを書き出し、対策を考えてみよう。実際に書いてみると問題がはっきりすることがある。）

## （第10節）学習活動のチェックポイント5 ―理解できないことがあるか―

　分からないことは分からないこととして先に学習を進めると、ある段階でそれまで理解できなかったことが一気に理解できるようになることがある。学習目的が明確で、忍耐強くその学習に打ち込むことができれば、そのような方法も可能である。その場合の方法として、次の二通りが考えられる。

- 　繰り返し同じことを学ぶ。例えば、難しい文献であっても、何十回も繰り返し読む。
- 　基礎基本に戻って勉強してみる。例え小中高のレベルであっても恥ずかしいことではないので、理解できるレベルまで戻って基礎的な文献や教科書を何十冊も読んだり書き出したりしてみる。

　このような方法をとると、あるとき目の前が開けるように、分からなかったことが分かってくる。ただし、このような学習は苦痛を伴うに違いない。したがって、一般的には、できる限り、指導者に聞いたり、仲間と互いに教え合ったり、自分で調べてみたりするとよいであろう。

　分からないことが出てきた場合の調べ方には何通りかあるであろう。次に幾つかをあげておこう。

- 　その領域の専門的な事典を調べる。国語辞典ではないことに注意してほしい。専門的な事典の内容はかなり難しいが、理解しなければならないおおよその範囲が分かる。参考文献等があげられていることも多い。
- 　関係する文献や雑誌論文、記事等を読む。図書館で調べていると、周辺領域の情報や文献などにも遭遇し、思わぬ発見をしたりすることがある。
- 　インターネットで調べる。ただし、その情報が信頼できるかどうかを十

分吟味しなければならない。

---

（14）学習活動のチェックポイント5
いま行っている学習で、分からないこと、理解できないこと、疑問に思うことがあるか。あったら、それを具体的に書いてみよう。書いてみると、曖昧だったことがはっきりしてくるものである。

分からないこと、疑問に思うこと　　1

それをどのように調べたらよいか、考えてみよう。

分からないこと、疑問に思うこと　　2

それをどのように調べたらよいか、考えてみよう。

3つ以上ある場合には、このシートをコピーしよう。

## 第11節　学習活動のチェックポイント6 ―学習する時間がとれているか―

　アンケート調査などで学習の阻害要因を調べると、その第1位に「忙しくて時間がない」があがる。しかし、忙しいのは誰も同じで時間をやりくりする工夫が重要なのである。わずかな時間であってもそれを蓄積すれば、忙しい中でも学習はできると考えてみてはどうであろうか。

---

（15）学習活動のチェックポイント6

いま行っている学習で、忙しくて学習時間がとれないことがあるか。

1　ない

2　忙しいが、何とか工夫している

　　どのように工夫しているか。将来、いまの工夫が役立つかも知れないのでメモしておこう。

3　なかなか時間がとれないので、困っている

　　（1）　朝起きたときの10分、あるいは夜寝る前の10分を利用できないか。

　　（2）　電車の中で過ごす時間を利用できないか。

　　（3）　仕事の合間にほんの少しの時間をとることができないか。

　　（4）　その他、工夫できることがあるかどうか考えてみよう。

## (第12節) 学習活動のチェックポイント7 ― 充実感が感じられるか ―

　充実感が感じられるかどうかは、その学習を診断する上で重要なポイントである。充実感、満足感が感じられれば、多少の問題があっても乗り越えていくことはできるものである。

　充実感が感じられるようにするために、次の三つの方法を検討してみよう。

- ・　学習目標を確認する。目標に近づいていることが分かれば喜びを感じ、充実感につながることが多々あるからである。
- ・　学習活動を通して何かを創造する。常に工夫し、現在の自分を超えることに挑戦し、何らかを生み出すことができれば充実感を感じることができるであろう。
- ・　学習成果を生かして周りの人々や社会のために貢献する。人々に喜ばれたり、誉められたり、感謝されたりすると、学習していてよかったと思うことができ、充実感につながることが多いからである。

（16）学習活動のチェックポイント7

　学習していて、充実感が感じられるか。楽しい、エキサイティングだ、面白い等といったことでも構わない。

　1　そう思うことがよくある

　2　そう思うことがときどきある

　　それはどのようなときかを思い出してメモしておこう。

　3　そう思えない

　（1）　学習目標をいつも自覚するように心がけているか。

　（2）　学習する中で、より自己を高めようと、いろいろ工夫しているか。

　（3）　学習成果を人や社会のために生かし、人に喜ばれたり、誉められたり、感謝されたりすることがあるか。

　　上記の（1）から（3）にあげたような経験がない場合には、それに取り組んでみよう。

## 第13節　その他の学習の継続を阻害する要因

　学習の継続を阻害する要因にはこの他にもいろいろあろう。何が学習の継続を妨げているのか、やりにくくしているのか、その現状を把握することが重要である。問題がはっきりすれば、それへの対処の仕方も検討することができる。

（17）学習活動の継続を妨げているその他の要因

学習していて、やりにくい、継続が難しいと思うことがあるか。

1　特にない

2　ある

　　それはどのようなことか。また解決方法を考えてみよう。思いつくも

　　のをすべて書いてみよう。

　　　　1　やりにくいこと、学習の継続を妨げていること

　　　　　それを解決する方法

　　　　2　やりにくいこと、学習の継続を妨げていること

　　　　　それを解決する方法

3つ以上あるときは、このシートをコピーしよう。

## （第14節）学習成果の活用

　成人の学習は生活課題を解決するために行われることが多いため、一定の学習活動が終了したら、学習した成果を生かして生活課題を解決することになる。一方、学習自体が目的である場合もある。例えば、楽しみや生きがいを求めて学習する場合などである。学習活動を継続することが生活課題を解決していることになる。

　自分の生活の中で学習成果を生かすだけでなく、広く社会で生かすこともある。社会での学習成果の活用には、就転職やキャリアアップに生かす、地域活動やボランティア活動に生かす、などがあげられる。

---

（18）どのように学習成果を活用してみたいか。
1　日頃の学習活動の中で生かしたい
　　　具体的に、それはどのようなことか書いてみよう。
　（　　　　　　　　　　　　　　　　　　　　　　　　　　　）

2　家庭生活、日常生活の中で生かしたい
　　　具体的に、それはどのようなことか書いてみよう。
　（　　　　　　　　　　　　　　　　　　　　　　　　　　　）

3　職業生活の中で生かしたい
　　　具体的に、それはどのようなことか書いてみよう。
　（　　　　　　　　　　　　　　　　　　　　　　　　　　　）

4　地域等の社会の中で生かしたい
　　　具体的に、それはどのようなことか書いてみよう。
　（　　　　　　　　　　　　　　　　　　　　　　　　　　　）
5　特にそのようなことは考えていない

## 参考文献

浅井経子『生涯学習の方法』八洲学園大学、2015（平成27）年

# 資料　生涯学習関連の法律

## 教育基本法

（平成十八年十二月二十二日法律第百二十号）

教育基本法（昭和二十二年法律第二十五号）の全部を改正する。

前文

　我々日本国民は、たゆまぬ努力によって築いてきた民主的で文化的な国家を更に発展させるとともに、世界の平和と人類の福祉の向上に貢献することを願うものである。

　我々は、この理想を実現するため、個人の尊厳を重んじ、真理と正義を希求し、公共の精神を尊び、豊かな人間性と創造性を備えた人間の育成を期するとともに、伝統を継承し、新しい文化の創造を目指す教育を推進する。

　ここに、我々は、日本国憲法の精神にのっとり、我が国の未来を切り拓く教育の基本を確立し、その振興を図るため、この法律を制定する。

### 第一章　教育の目的及び理念

（教育の目的）

第一条　教育は、人格の完成を目指し、平和で民主的な国家及び社会の形成者として必要な資質を備えた心身ともに健康な国民の育成を期して行われなければならない。

（教育の目標）

第二条　教育は、その目的を実現するため、学問の自由を尊重しつつ、次に掲げる目標を達成するよう行われるものとする。

　一　幅広い知識と教養を身に付け、真理を求める態度を養い、豊かな情操と道徳心を培うとともに、健やかな身体を養うこと。

　二　個人の価値を尊重して、その能力を伸ばし、創造性を培い、自主及び自律の精神を養うとともに、職業及び生活との関連を重視し、勤労を重んずる態度を養うこと。

三　正義と責任、男女の平等、自他の敬愛と協力を重んずるとともに、公共の精神に基づき、主体的に社会の形成に参画し、その発展に寄与する態度を養うこと。

四　生命を尊び、自然を大切にし、環境の保全に寄与する態度を養うこと。

五　伝統と文化を尊重し、それらをはぐくんできた我が国と郷土を愛するとともに、他国を尊重し、国際社会の平和と発展に寄与する態度を養うこと。

（生涯学習の理念）

第三条　国民一人一人が、自己の人格を磨き、豊かな人生を送ることができるよう、その生涯にわたって、あらゆる機会に、あらゆる場所において学習することができ、その成果を適切に生かすことのできる社会の実現が図られなければならない。

（教育の機会均等）

第四条　すべて国民は、ひとしく、その能力に応じた教育を受ける機会を与えられなければならず、人種、信条、性別、社会的身分、経済的地位又は門地によって、教育上差別されない。

2　国及び地方公共団体は、障害のある者が、その障害の状態に応じ、十分な教育を受けられるよう、教育上必要な支援を講じなければならない。

3　国及び地方公共団体は、能力があるにもかかわらず、経済的理由によって修学が困難な者に対して、奨学の措置を講じなければならない。


第二章　教育の実施に関する基本

（義務教育）

第五条　国民は、その保護する子に、別に法律で定めるところにより、普通教育を受けさせる義務を負う。

2　義務教育として行われる普通教育は、各個人の有する能力を伸ばしつつ社会において自立的に生きる基礎を培い、また、国家及び社会の形成者として必要とされる基本的な資質を養うことを目的として行われるものとする。

3　国及び地方公共団体は、義務教育の機会を保障し、その水準を確保するため、適切な役割分担及び相互の協力の下、その実施に責任を負う。

4　国又は地方公共団体の設置する学校における義務教育については、授業料を徴収しない。

（学校教育）

第六条　法律に定める学校は、公の性質を有するものであって、国、地方公共団体及び法律に定める法人のみが、これを設置することができる。

2　前項の学校においては、教育の目標が達成されるよう、教育を受ける者の心身の発達に応じて、体系的な教育が組織的に行われなければならない。この場合において、教育を受ける者が、学校生活を営む上で必要な規律を重んずるとともに、自ら進んで学習に取り組む意欲を高めることを重視して行われなければならない。

（大学）

第七条　大学は、学術の中心として、高い教養と専門的能力を培うとともに、深く真理を探究して新たな知見を創造し、これらの成果を広く社会に提供することにより、社会の発展に寄与するものとする。

2　大学については、自主性、自律性その他の大学における教育及び研究の特性が尊重されなければならない。

（私立学校）

第八条　私立学校の有する公の性質及び学校教育において果たす重要な役割にかんがみ、国及び地方公共団体は、その自主性を尊重しつつ、助成その他の適当な方法によって私立学校教育の振興に努めなければならない。

（教員）

第九条　法律に定める学校の教員は、自己の崇高な使命を深く自覚し、絶えず研究と修養に励み、その職責の遂行に努めなければならない。

2　前項の教員については、その使命と職責の重要性にかんがみ、その身分は尊重され、待遇の適正が期せられるとともに、養成と研修の充実が図られなければならない。

（家庭教育）

第十条　父母その他の保護者は、子の教育について第一義的責任を有するものであって、生活のために必要な習慣を身に付けさせるとともに、自立心を育成し、心身の調和のとれた発達を図るよう努めるものとする。

2　国及び地方公共団体は、家庭教育の自主性を尊重しつつ、保護者に対する学習の機会及び情報の提供その他の家庭教育を支援するために必要な施策を講ずるよう努

めなければならない。

（幼児期の教育）

第十一条　幼児期の教育は、生涯にわたる人格形成の基礎を培う重要なものであることにかんがみ、国及び地方公共団体は、幼児の健やかな成長に資する良好な環境の整備その他適当な方法によって、その振興に努めなければならない。

（社会教育）

第十二条　個人の要望や社会の要請にこたえ、社会において行われる教育は、国及び地方公共団体によって奨励されなければならない。

2　国及び地方公共団体は、図書館、博物館、公民館その他の社会教育施設の設置、学校の施設の利用、学習の機会及び情報の提供その他の適当な方法によって社会教育の振興に努めなければならない。

（学校、家庭及び地域住民等の相互の連携協力）

第十三条　学校、家庭及び地域住民その他の関係者は、教育におけるそれぞれの役割と責任を自覚するとともに、相互の連携及び協力に努めるものとする。

（政治教育）

第十四条　良識ある公民として必要な政治的教養は、教育上尊重されなければならない。

2　法律に定める学校は、特定の政党を支持し、又はこれに反対するための政治教育その他政治的活動をしてはならない。

（宗教教育）

第十五条　宗教に関する寛容の態度、宗教に関する一般的な教養及び宗教の社会生活における地位は、教育上尊重されなければならない。

2　国及び地方公共団体が設置する学校は、特定の宗教のための宗教教育その他宗教的活動をしてはならない。

## 第三章　教育行政

（教育行政）

第十六条　教育は、不当な支配に服することなく、この法律及び他の法律の定めると

ころにより行われるべきものであり、教育行政は、国と地方公共団体との適切な役割分担及び相互の協力の下、公正かつ適正に行われなければならない。

2　国は、全国的な教育の機会均等と教育水準の維持向上を図るため、教育に関する施策を総合的に策定し、実施しなければならない。

3　地方公共団体は、その地域における教育の振興を図るため、その実情に応じた教育に関する施策を策定し、実施しなければならない。

4　国及び地方公共団体は、教育が円滑かつ継続的に実施されるよう、必要な財政上の措置を講じなければならない。

（教育振興基本計画）

第十七条　政府は、教育の振興に関する施策の総合的かつ計画的な推進を図るため、教育の振興に関する施策についての基本的な方針及び講ずべき施策その他必要な事項について、基本的な計画を定め、これを国会に報告するとともに、公表しなければならない。

2　地方公共団体は、前項の計画を参酌し、その地域の実情に応じ、当該地方公共団体における教育の振興のための施策に関する基本的な計画を定めるよう努めなければならない。

第四章　法令の制定

第十八条　この法律に規定する諸条項を実施するため、必要な法令が制定されなければならない。

# 社会教育法

（昭和二十四年六月十日法律第二百七号）

（最近改正：令和元年六月七日法律第二十六号）

## 第一章　総則

（この法律の目的）

第一条　この法律は、教育基本法（平成十八年法律第百二十号）の精神に則り、社会
教育に関する国及び地方公共団体の任務を明らかにすることを目的とする。

（社会教育の定義）

第二条　この法律で「社会教育」とは、学校教育法（昭和二十二年法律第二十六号）
又は就学前の子どもに関する教育、保育等の総合的な提供の推進に関する法律（平
成十八年法律第七十七号）に基き、学校の教育課程として行われる教育活動を除き、
主として青少年及び成人に対して行われる組織的な教育活動（体育及びレクリエー
ションの活動を含む。）をいう。

（国及び地方公共団体の任務）

第三条　国及び地方公共団体は、この法律及び他の法令の定めるところにより、社会
教育の奨励に必要な施設の設置及び運営、集会の開催、資料の作製、頒布その他の
方法により、すべての国民があらゆる機会、あらゆる場所を利用して、自ら実際生
活に即する文化的教養を高め得るような環境を醸成するように努めなければならな
い。

2　国及び地方公共団体は、前項の任務を行うに当たつては、国民の学習に対する多
様な需要を踏まえ、これに適切に対応するために必要な学習の機会の提供及びその
奨励を行うことにより、生涯学習の振興に寄与することとなるよう努めるものとす
る。

3　国及び地方公共団体は、第一項の任務を行うに当たつては、社会教育が学校教育及
び家庭教育との密接な関連性を有することにかんがみ、学校教育との連携の確保に
努め、及び家庭教育の向上に資することとなるよう必要な配慮をするとともに、学
校、家庭及び地域住民その他の関係者相互間の連携及び協力の促進に資することと
なるよう努めるものとする。

（国の地方公共団体に対する援助）

第四条　前条第一項の任務を達成するために、国は、この法律及び他の法令の定めるところにより、地方公共団体に対し、予算の範囲内において、財政的援助並びに物資の提供及びそのあつせんを行う。

（市町村の教育委員会の事務）

第五条　市（特別区を含む。以下同じ。）町村の教育委員会は、社会教育に関し、当該地方の必要に応じ、予算の範囲内において、次の事務を行う。

一　社会教育に必要な援助を行うこと。

二　社会教育委員の委嘱に関すること。

三　公民館の設置及び管理に関すること。

四　所管に属する図書館、博物館、青年の家その他の社会教育施設の設置及び管理に関すること。

五　所管に属する学校の行う社会教育のための講座の開設及びその奨励に関すること。

六　講座の開設及び討論会、講習会、講演会、展示会その他の集会の開催並びにこれらの奨励に関すること。

七　家庭教育に関する学習の機会を提供するための講座の開設及び集会の開催並びに家庭教育に関する情報の提供並びにこれらの奨励に関すること。

八　職業教育及び産業に関する科学技術指導のための集会の開催並びにその奨励に関すること。

九　生活の科学化の指導のための集会の開催及びその奨励に関すること。

十　情報化の進展に対応して情報の収集及び利用を円滑かつ適正に行うために必要な知識又は技能に関する学習の機会を提供するための講座の開設及び集会の開催並びにこれらの奨励に関すること。

十一　運動会、競技会その他体育指導のための集会の開催及びその奨励に関すること。

十二　音楽、演劇、美術その他芸術の発表会等の開催及びその奨励に関すること。

十三　主として学齢児童及び学齢生徒（それぞれ学校教育法第十八条に規定する学齢児童及び学齢生徒をいう。）に対し、学校の授業の終了後又は休業日において学校、社会教育施設その他適切な施設を利用して行う学習その他の活動の機会を提

256

供する事業の実施並びにその奨励に関すること。

十四　青少年に対しボランティア活動など社会奉仕体験活動、自然体験活動その他の体験活動の機会を提供する事業の実施及びその奨励に関すること。

十五　社会教育における学習の機会を利用して行つた学習の成果を活用して学校、社会教育施設その他地域において行う教育活動その他の活動の機会を提供する事業の実施及びその奨励に関すること。

十六　社会教育に関する情報の収集、整理及び提供に関すること。

十七　視聴覚教育、体育及びレクリエーションに必要な設備、器材及び資料の提供に関すること。

十八　情報の交換及び調査研究に関すること。

十九　その他第三条第一項の任務を達成するために必要な事務

2　市町村の教育委員会は、前項第十三号から第十五号までに規定する活動であつて地域住民その他の関係者（以下この項及び第九条の七第二項において「地域住民等」という。）が学校と協働して行うもの（以下「地域学校協働活動」という。）の機会を提供する事業を実施するに当たつては、地域住民等の積極的な参加を得て当該地域学校協働活動が学校との適切な連携の下に円滑かつ効果的に実施されるよう、地域住民等と学校との連携協力体制の整備、地域学校協働活動に関する普及啓発その他の必要な措置を講ずるものとする。

3　地方教育行政の組織及び運営に関する法律（昭和三十一年法律第百六十二号）第二十三条第一項の条例の定めるところによりその長が同項第一号に掲げる事務（以下「特定事務」という。）を管理し、及び執行することとされた地方公共団体（以下「特定地方公共団体」という。）である市町村にあつては、第一項の規定にかかわらず、同項第三号及び第四号の事務のうち特定事務に関するものは、その長が行うものとする。

（都道府県の教育委員会の事務）

第六条　都道府県の教育委員会は、社会教育に関し、当該地方の必要に応じ、予算の範囲内において、前条各号の事務（第三号の事務を除く。）を行うほか、次の事務を行う。

一　公民館及び図書館の設置及び管理に関し、必要な指導及び調査を行うこと。

二　社会教育を行う者の研修に必要な施設の設置及び運営、講習会の開催、資料の

　配布等に関すること。
　　三　社会教育施設の設置及び運営に必要な物資の提供及びそのあつせんに関すること。
　　四　市町村の教育委員会との連絡に関すること。
　　五　その他法令によりその職務権限に属する事項
2　前条第二項の規定は、都道府県の教育委員会が地域学校協働活動の機会を提供する事業を実施する場合に準用する。
3　特定地方公共団体である都道府県にあつては、第一項の規定にかかわらず、前条第一項第四号の事務のうち特定事務に関するものは、その長が行うものとする。

（教育委員会と地方公共団体の長との関係）
第七条　地方公共団体の長は、その所掌に関する必要な広報宣伝で視聴覚教育の手段を利用することその他教育の施設及び手段によることを適当とするものにつき、教育委員会に対し、その実施を依頼し、又は実施の協力を求めることができる。
2　前項の規定は、他の行政庁がその所掌に関する必要な広報宣伝につき、教育委員会（特定地方公共団体にあつては、その長又は教育委員会）に対し、その実施を依頼し、又は実施の協力を求める場合に準用する。

第八条　教育委員会は、社会教育に関する事務を行うために必要があるときは、当該地方公共団体の長及び関係行政庁に対し、必要な資料の提供その他の協力を求めることができる。
第八条の二　特定地方公共団体の長は、特定事務のうち当該特定地方公共団体の教育委員会の所管に属する学校、社会教育施設その他の施設における教育活動と密接な関連を有するものとして当該特定地方公共団体の規則で定めるものを管理し、及び執行するに当たつては、当該教育委員会の意見を聴かなければならない。
2　特定地方公共団体の長は、前項の規則を制定し、又は改廃しようとするときは、あらかじめ、当該特定地方公共団体の教育委員会の意見を聴かなければならない。
第八条の三　特定地方公共団体の教育委員会は、特定事務の管理及び執行について、その職務に関して必要と認めるときは、当該特定地方公共団体の長に対し、意見を述べることができる。

（図書館及び博物館）

第九条　図書館及び博物館は、社会教育のための機関とする。

2　図書館及び博物館に関し必要な事項は、別に法律をもつて定める。


第二章　社会教育主事等

（社会教育主事及び社会教育主事補の設置）

第九条の二　都道府県及び市町村の教育委員会の事務局に、社会教育主事を置く。

2　都道府県及び市町村の教育委員会の事務局に、社会教育主事補を置くことができる。

（社会教育主事及び社会教育主事補の職務）

第九条の三　社会教育主事は、社会教育を行う者に専門的技術的な助言と指導を与える。ただし、命令及び監督をしてはならない。

2　社会教育主事は、学校が社会教育関係団体、地域住民その他の関係者の協力を得て教育活動を行う場合には、その求めに応じて、必要な助言を行うことができる。

3　社会教育主事補は、社会教育主事の職務を助ける。

（社会教育主事の資格）

第九条の四　次の各号のいずれかに該当する者は、社会教育主事となる資格を有する。

　一　大学に二年以上在学して六十二単位以上を修得し、又は高等専門学校を卒業し、かつ、次に掲げる期間を通算した期間が三年以上になる者で、次条の規定による社会教育主事の講習を修了したもの

　　イ　社会教育主事補の職にあつた期間

　　ロ　官公署、学校、社会教育施設又は社会教育関係団体における職で司書、学芸員その他の社会教育主事補の職と同等以上の職として文部科学大臣の指定するものにあつた期間

　　ハ　官公署、学校、社会教育施設又は社会教育関係団体が実施する社会教育に関係のある事業における業務であつて、社会教育主事として必要な知識又は技能の習得に資するものとして文部科学大臣が指定するものに従事した期間（イ又はロに掲げる期間に該当する期間を除く。）

　二　教育職員の普通免許状を有し、かつ、五年以上文部科学大臣の指定する教育に

関する職にあつた者で、次条の規定による社会教育主事の講習を修了したもの

三　大学に二年以上在学して、六十二単位以上を修得し、かつ、大学において文部科学省令で定める社会教育に関する科目の単位を修得した者で、第一号イからハまでに掲げる期間を通算した期間が一年以上になるもの

四　次条の規定による社会教育主事の講習を修了した者（第一号及び第二号に掲げる者を除く。）で、社会教育に関する専門的事項について前三号に掲げる者に相当する教養と経験があると都道府県の教育委員会が認定したもの

（社会教育主事の講習）

第九条の五　社会教育主事の講習は、文部科学大臣の委嘱を受けた大学その他の教育機関が行う。

2　受講資格その他社会教育主事の講習に関し必要な事項は、文部科学省令で定める。

（社会教育主事及び社会教育主事補の研修）

第九条の六　社会教育主事及び社会教育主事補の研修は、任命権者が行うもののほか、文部科学大臣及び都道府県が行う。

（地域学校協働活動推進員）

第九条の七　教育委員会は、地域学校協働活動の円滑かつ効果的な実施を図るため、社会的信望があり、かつ、地域学校協働活動の推進に熱意と識見を有する者のうちから、地域学校協働活動推進員を委嘱することができる。

2　地域学校協働活動推進員は、地域学校協働活動に関する事項につき、教育委員会の施策に協力して、地域住民等と学校との間の情報の共有を図るとともに、地域学校協働活動を行う地域住民等に対する助言その他の援助を行う。

## 第三章　社会教育関係団体

（社会教育関係団体の定義）

第十条　この法律で「社会教育関係団体」とは、法人であると否とを問わず、公の支配に属しない団体で社会教育に関する事業を行うことを主たる目的とするものをいう。

（文部科学大臣及び教育委員会との関係）

第十一条　文部科学大臣及び教育委員会は、社会教育関係団体の求めに応じ、これに対し、専門的技術的指導又は助言を与えることができる。

2　文部科学大臣及び教育委員会は、社会教育関係団体の求めに応じ、これに対し、社会教育に関する事業に必要な物資の確保につき援助を行う。

（国及び地方公共団体との関係）

第十二条　国及び地方公共団体は、社会教育関係団体に対し、いかなる方法によつても、不当に統制的支配を及ぼし、又はその事業に干渉を加えてはならない。

（審議会等への諮問）

第十三条　国又は地方公共団体が社会教育関係団体に対し補助金を交付しようとする場合には、あらかじめ、国にあつては文部科学大臣が審議会等（国家行政組織法（昭和二十三年法律第百二十号）第八条に規定する機関をいう。第五十一条第三項において同じ。）で政令で定めるものの、地方公共団体にあつては教育委員会が社会教育委員の会議（社会教育委員が置かれていない場合には、条例で定めるところにより社会教育に係る補助金の交付に関する事項を調査審議する審議会その他の合議制の機関）の意見を聴いて行わなければならない。

（報告）

第十四条　文部科学大臣及び教育委員会は、社会教育関係団体に対し、指導資料の作製及び調査研究のために必要な報告を求めることができる。


第四章　社会教育委員

（社会教育委員の設置）

第十五条　都道府県及び市町村に社会教育委員を置くことができる。

2　社会教育委員は、教育委員会が委嘱する。

第十六条　削除

（社会教育委員の職務）

第十七条　社会教育委員は、社会教育に関し教育委員会に助言するため、次の職務を行う。

　　一　社会教育に関する諸計画を立案すること。

　　二　定時又は臨時に会議を開き、教育委員会の諮問に応じ、これに対して、意見を
　　　述べること。

　　三　前二号の職務を行うために必要な研究調査を行うこと。

2　社会教育委員は、教育委員会の会議に出席して社会教育に関し意見を述べること
　ができる。

3　市町村の社会教育委員は、当該市町村の教育委員会から委嘱を受けた青少年教育
　に関する特定の事項について、社会教育関係団体、社会教育指導者その他関係者に
　対し、助言と指導を与えることができる。

（社会教育委員の委嘱の基準等）

第十八条　社会教育委員の委嘱の基準、定数及び任期その他社会教育委員に関し必要
　な事項は、当該地方公共団体の条例で定める。この場合において、社会教育委員の
　委嘱の基準については、文部科学省令で定める基準を参酌するものとする。

第十九条　　削除

　　第五章　公民館

（目的）

第二十条　公民館は、市町村その他一定区域内の住民のために、実際生活に即する教
　育、学術及び文化に関する各種の事業を行い、もつて住民の教養の向上、健康の増
　進、情操の純化を図り、生活文化の振興、社会福祉の増進に寄与することを目的と
　する。

（公民館の設置者）

第二十一条　公民館は、市町村が設置する。

2　前項の場合を除くほか、公民館は、公民館の設置を目的とする一般社団法人又は
　一般財団法人（以下この章において「法人」という。）でなければ設置することがで
　きない。

3　公民館の事業の運営上必要があるときは、公民館に分館を設けることができる。

（公民館の事業）

第二十二条　公民館は、第二十条の目的達成のために、おおむね、左の事業を行う。但し、この法律及び他の法令によつて禁じられたものは、この限りでない。

一　定期講座を開設すること。

二　討論会、講習会、講演会、実習会、展示会等を開催すること。

三　図書、記録、模型、資料等を備え、その利用を図ること。

四　体育、レクリエーション等に関する集会を開催すること。

五　各種の団体、機関等の連絡を図ること。

六　その施設を住民の集会その他の公共的利用に供すること。

（公民館の運営方針）

第二十三条　公民館は、次の行為を行つてはならない。

一　もつぱら営利を目的として事業を行い、特定の営利事務に公民館の名称を利用させその他営利事業を援助すること。

二　特定の政党の利害に関する事業を行い、又は公私の選挙に関し、特定の候補者を支持すること。

2　市町村の設置する公民館は、特定の宗教を支持し、又は特定の教派、宗派若しくは教団を支援してはならない。

（公民館の基準）

第二十三条の二　文部科学大臣は、公民館の健全な発達を図るために、公民館の設置及び運営上必要な基準を定めるものとする。

2　文部科学大臣及び都道府県の教育委員会は、市町村の設置する公民館が前項の基準に従つて設置され及び運営されるように、当該市町村に対し、指導、助言その他の援助に努めるものとする。

（公民館の設置）

第二十四条　市町村が公民館を設置しようとするときは、条例で、公民館の設置及び管理に関する事項を定めなければならない。

第二十五条及び第二十六条　削除

（公民館の職員）

第二十七条　公民館に館長を置き、主事その他必要な職員を置くことができる。

2　館長は、公民館の行う各種の事業の企画実施その他必要な事務を行い、所属職員を監督する。

3　主事は、館長の命を受け、公民館の事業の実施にあたる。

第二十八条　市町村の設置する公民館の館長、主事その他必要な職員は、当該市町村の教育委員会（特定地方公共団体である市町村の長がその設置、管理及び廃止に関する事務を管理し、及び執行することとされた公民館（第三十条第一項及び第四十条第一項において「特定公民館」という。）の館長、主事その他必要な職員にあつては、当該市町村の長）が任命する。

（公民館の職員の研修）

第二十八条の二　第九条の六の規定は、公民館の職員の研修について準用する。

（公民館運営審議会）

第二十九条　公民館に公民館運営審議会を置くことができる。

2　公民館運営審議会は、館長の諮問に応じ、公民館における各種の事業の企画実施につき調査審議するものとする。

第三十条　市町村の設置する公民館にあつては、公民館運営審議会の委員は、当該市町村の教育委員会（特定公民館に置く公民館運営審議会の委員にあつては、当該市町村の長）が委嘱する。

2　前項の公民館運営審議会の委員の委嘱の基準、定数及び任期その他当該公民館運営審議会に関し必要な事項は、当該市町村の条例で定める。この場合において、委員の委嘱の基準については、文部科学省令で定める基準を参酌するものとする。

第三十一条　法人の設置する公民館に公民館運営審議会を置く場合にあつては、その委員は、当該法人の役員をもつて充てるものとする。

（運営の状況に関する評価等）

第三十二条　公民館は、当該公民館の運営の状況について評価を行うとともに、その結果に基づき公民館の運営の改善を図るため必要な措置を講ずるよう努めなければならない。

（運営の状況に関する情報の提供）

第三十二条の二　公民館は、当該公民館の事業に関する地域住民その他の関係者の理解を深めるとともに、これらの者との連携及び協力の推進に資するため、当該公民館の運営の状況に関する情報を積極的に提供するよう努めなければならない。

（基金）

第三十三条　公民館を設置する市町村にあつては、公民館の維持運営のために、地方自治法（昭和二十二年法律第六十七号）第二百四十一条の基金を設けることができる。

（特別会計）

第三十四条　公民館を設置する市町村にあつては、公民館の維持運営のために、特別会計を設けることができる。

（公民館の補助）

第三十五条　国は、公民館を設置する市町村に対し、予算の範囲内において、公民館の施設、設備に要する経費その他必要な経費の一部を補助することができる。

2　前項の補助金の交付に関し必要な事項は、政令で定める。

第三十六条　削除

第三十七条　都道府県が地方自治法第二百三十二条の二の規定により、公民館の運営に要する経費を補助する場合において、文部科学大臣は、政令の定めるところにより、その補助金の額、補助の比率、補助の方法その他必要な事項につき報告を求めることができる。

第三十八条　国庫の補助を受けた市町村は、左に掲げる場合においては、その受けた補助金を国庫に返還しなければならない。

　一　公民館がこの法律若しくはこの法律に基く命令又はこれらに基いてした処分に違反したとき。

　二　公民館がその事業の全部若しくは一部を廃止し、又は第二十条に掲げる目的以外の用途に利用されるようになつたとき。

　三　補助金交付の条件に違反したとき。

　四　虚偽の方法で補助金の交付を受けたとき。

（法人の設置する公民館の指導）

第三十九条　文部科学大臣及び都道府県の教育委員会は、法人の設置する公民館の運営その他に関し、その求めに応じて、必要な指導及び助言を与えることができる。

（公民館の事業又は行為の停止）

第四十条　公民館が第二十三条の規定に違反する行為を行つたときは、市町村の設置する公民館にあつては当該市町村の教育委員会（特定公民館にあつては、当該市町村の長）、法人の設置する公民館にあつては都道府県の教育委員会は、その事業又は行為の停止を命ずることができる。

2　前項の規定による法人の設置する公民館の事業又は行為の停止命令に関し必要な事項は、都道府県の条例で定めることができる。

（罰則）

第四十一条　前条第一項の規定による公民館の事業又は行為の停止命令に違反する行為をした者は、一年以下の懲役若しくは禁錮又は三万円以下の罰金に処する。

（公民館類似施設）

第四十二条　公民館に類似する施設は、何人もこれを設置することができる。

2　前項の施設の運営その他に関しては、第三十九条の規定を準用する。

## 第六章　学校施設の利用

（適用範囲）

第四十三条　社会教育のためにする国立学校（学校教育法第一条に規定する学校（以下この条において「第一条学校」という。）及び就学前の子どもに関する教育、保育等の総合的な提供の推進に関する法律第二条第七項に規定する幼保連携型認定こども園（以下「幼保連携型認定こども園」という。）であつて国（国立大学法人法（平成十五年法律第百十二号）第二条第一項に規定する国立大学法人（次条第二項において「国立大学法人」という。）及び独立行政法人国立高等専門学校機構を含む。）が設置するものをいう。以下同じ。）又は公立学校（第一条学校及び幼保連携型認定こども園であつて地方公共団体（地方独立行政法人法（平成十五年法律第百十八号）第六十八条第一項に規定する公立大学法人（次条第二項及び第四十八条第一項において「公立大学法人」という。）を含む。）が設置するものをいう。以下同じ。）

の施設の利用に関しては、この章の定めるところによる。

（学校施設の利用）

第四十四条　学校（国立学校又は公立学校をいう。以下この章において同じ。）の管理機関は、学校教育上支障がないと認める限り、その管理する学校の施設を社会教育のために利用に供するように努めなければならない。

2　前項において「学校の管理機関」とは、国立学校にあつては設置者である国立大学法人の学長又は独立行政法人国立高等専門学校機構の理事長、公立学校のうち、大学及び幼保連携型認定こども園にあつては設置者である地方公共団体の長又は公立大学法人の理事長、大学及び幼保連携型認定こども園以外の公立学校にあつては設置者である地方公共団体に設置されている教育委員会又は公立大学法人の理事長をいう。

> 注　令和二年四月一日から施行
> 第四十四条第二項中「学長」の次に「若しくは理事長」を加える。

（学校施設利用の許可）

第四十五条　社会教育のために学校の施設を利用しようとする者は、当該学校の管理機関の許可を受けなければならない。

2　前項の規定により、学校の管理機関が学校施設の利用を許可しようとするときは、あらかじめ、学校の長の意見を聞かなければならない。

第四十六条　国又は地方公共団体が社会教育のために、学校の施設を利用しようとするときは、前条の規定にかかわらず、当該学校の管理機関と協議するものとする。

第四十七条　第四十五条の規定による学校施設の利用が一時的である場合には、学校の管理機関は、同条第一項の許可に関する権限を学校の長に委任することができる。

2　前項の権限の委任その他学校施設の利用に関し必要な事項は、学校の管理機関が定める。

（社会教育の講座）

第四十八条　文部科学大臣は国立学校に対し、地方公共団体の長は当該地方公共団体

が設置する大学若しくは幼保連携型認定こども園又は当該地方公共団体が設立する公立大学法人が設置する公立学校に対し、地方公共団体に設置されている教育委員会は当該地方公共団体が設置する大学及び幼保連携型認定こども園以外の公立学校に対し、その教育組織及び学校の施設の状況に応じ、文化講座、専門講座、夏期講座、社会学級講座等学校施設の利用による社会教育のための講座の開設を求めることができる。

2　文化講座は、成人の一般的教養に関し、専門講座は、成人の専門的学術知識に関し、夏期講座は、夏期休暇中、成人の一般的教養又は専門的学術知識に関し、それぞれ大学、高等専門学校又は高等学校において開設する。

3　社会学級講座は、成人の一般的教養に関し、小学校、中学校又は義務教育学校において開設する。

4　第一項の規定する講座を担当する講師の報酬その他必要な経費は、予算の範囲内において、国又は地方公共団体が負担する。


## 第七章　通信教育

（適用範囲）

第四十九条　学校教育法第五十四条、第七十条第一項、第八十二条及び第八十四条の規定により行うものを除き、通信による教育に関しては、この章の定めるところによる。

（通信教育の定義）

第五十条　この法律において「通信教育」とは、通信の方法により一定の教育計画の下に、教材、補助教材等を受講者に送付し、これに基き、設問解答、添削指導、質疑応答等を行う教育をいう。

2　通信教育を行う者は、その計画実現のために、必要な指導者を置かなければならない。

（通信教育の認定）

第五十一条　文部科学大臣は、学校又は一般社団法人若しくは一般財団法人の行う通信教育で社会教育上奨励すべきものについて、通信教育の認定（以下「認定」という。）を与えることができる。

2 認定を受けようとする者は、文部科学大臣の定めるところにより、文部科学大臣に申請しなければならない。

3 文部科学大臣が、第一項の規定により、認定を与えようとするときは、あらかじめ、第十三条の政令で定める審議会等に諮問しなければならない。

（認定手数料）

第五十二条 文部科学大臣は、認定を申請する者から実費の範囲内において文部科学省令で定める額の手数料を徴収することができる。ただし、国立学校又は公立学校が行う通信教育に関しては、この限りでない。

第五十三条 削除

（郵便料金の特別取扱）

第五十四条 認定を受けた通信教育に要する郵便料金については、郵便法（昭和二十二年法律第百六十五号）の定めるところにより、特別の取扱を受けるものとする。

（通信教育の廃止）

第五十五条 認定を受けた通信教育を廃止しようとするとき、又はその条件を変更しようとするときは、文部科学大臣の定めるところにより、その許可を受けなければならない。

2 前項の許可に関しては、第五十一条第三項の規定を準用する。

（報告及び措置）

第五十六条 文部科学大臣は、認定を受けた者に対し、必要な報告を求め、又は必要な措置を命ずることができる。

（認定の取消）

第五十七条 認定を受けた者がこの法律若しくはこの法律に基く命令又はこれらに基いてした処分に違反したときは、文部科学大臣は、認定を取り消すことができる。

2 前項の認定の取消に関しては、第五十一条第三項の規定を準用する。

# 人権教育及び人権啓発の推進に関する法律
### （平成十二年十二月六日法律第百四十七号）

（目的）

第一条　この法律は、人権の尊重の緊要性に関する認識の高まり、社会的身分、門地、人種、信条又は性別による不当な差別の発生等の人権侵害の現状その他人権の擁護に関する内外の情勢にかんがみ、人権教育及び人権啓発に関する施策の推進について、国、地方公共団体及び国民の責務を明らかにするとともに、必要な措置を定め、もって人権の擁護に資することを目的とする。

（定義）

第二条　この法律において、人権教育とは、人権尊重の精神の涵養を目的とする教育活動をいい、人権啓発とは、国民の間に人権尊重の理念を普及させ、及びそれに対する国民の理解を深めることを目的とする広報その他の啓発活動（人権教育を除く。）をいう。

（基本理念）

第三条　国及び地方公共団体が行う人権教育及び人権啓発は、学校、地域、家庭、職域その他の様々な場を通じて、国民が、その発達段階に応じ、人権尊重の理念に対する理解を深め、これを体得することができるよう、多様な機会の提供、効果的な手法の採用、国民の自主性の尊重及び実施機関の中立性の確保を旨として行われなければならない。

（国の責務）

第四条　国は、前条に定める人権教育及び人権啓発の基本理念（以下「基本理念」という。）にのっとり、人権教育及び人権啓発に関する施策を策定し、及び実施する責務を有する。

（地方公共団体の責務）

第五条　地方公共団体は、基本理念にのっとり、国との連携を図りつつ、その地域の実情を踏まえ、人権教育及び人権啓発に関する施策を策定し、及び実施する責務を有する。

（国民の責務）

第六条　国民は、人権尊重の精神の涵養に努めるとともに、人権が尊重される社会の
　　　　実現に寄与するよう努めなければならない。

（基本計画の策定）

第七条　国は、人権教育及び人権啓発に関する施策の総合的かつ計画的な推進を図る
　　　　ため、人権教育及び人権啓発に関する基本的な計画を策定しなければならな
　　　　い。

（年次報告）

第八条　政府は、毎年、国会に、政府が講じた人権教育及び人権啓発に関する施策に
　　　　ついての報告を提出しなければならない。

（財政上の措置）

第九条　国は、人権教育及び人権啓発に関する施策を実施する地方公共団体に対し、当
　　　　該施策に係る事業の委託その他の方法により、財政上の措置を講ずることが
　　　　できる。

# 和文索引

## あ行

アイスブレイク，アイスブレイキング（ice break, ice breaking）　36, 72, 78, 79, 81, 128, 142

アイヌ文化の振興並びにアイヌの伝統等に関する知識の普及及び啓発に関する法律　219

アクション・リサーチ（action research）　62

アクティブ・ラーニング（active learning）　64

アンドラゴジー（andragogy）31, 34, 35, 57, 73, 76

意識変容の学習（transformative learning）32, 33

エリクソン（Erikson, E.H.）　29

## か行

開発教育　62

学習機会の提供　47, 93, 154, 156

学習情報（の）提供　47, 155, 156, 158, 159, 196, 199, 205, 206, 210, 212

学習相談　155, 159, 198, 199, 206-217

学習の仕方　15, 17-19, 207, 208, 210

学習プログラム　41, 61, 63, 76-79, 82-89, 93, 94, 96, 97, 100, 103-114, 123, 125, 127, 129, 133, 209, 222

学習（の）方法・形態　15, 19, 20, 25, 26, 95, 97, 102, 189, 216

科目等履修生制度　183

旧優生保護法に基づく優生手術等を受けた者に対する一時金の支給等に関する法律　219

教育基本法　57, 143, 144

教育公務員特例法　143, 144

教育再生実行会議第十次提言『自己肯定感を高め、自らの手で未来を切り拓く子供を育む教育の実現に向けた、学校、家庭、地域の教育力の向上』180

協働（活動）　63, 119

グラットン（Gratton, L.）　58

研修プログラム　77, 90, 143, 145, 147

公開講座　183

合理的配慮　221, 222

個人学習　19, 20, 23-25, 35, 48, 65, 66, 72

個人教授　20, 24, 25

コーディネーター（coordinator）　67, 135, 192

## さ行

サービス・ラーニング（Service-Learning）131-136

参加型学習　21, 61-67, 69-72, 75-77, 79, 80, 83, 85, 104, 159

ジェロゴジー（gerogogy）　31, 34, 35, 57

自己主導性（self-directedness）　73, 74

自己主導的学習，自己主導型学習（self-directed learning）32, 73, 75

自己主導的（self-directed）学習者　45, 46

自然体験　43, 124

持続可能な開発のための教育（Education for Sustainable Development）　62

社会関係資本（ソーシャル・キャピトル、Social Capital）　63

社会教育法　153, 155

社会体験　43

社会的包摂（ソーシャル・インクルージョン、social inclusion）　194

ジャコビー（Jacobee, B.）　133, 151

集会学習　20, 21, 35, 65

集合学習　19, 20, 25, 35, 65, 66, 201

集団学習　20, 21, 25, 35, 41, 43, 46, 56, 65, 189, 205, 209

生涯学習審議会社会教育分科審議会施設部会報告『公民館の整備・運営の在り方について』　154

生涯学習審議会答申『今後の社会の動向に対応した生涯学習の振興方策について』　57, 131

障害を理由とする差別の解消の推進に関する法律（障害者差別解消法）　220

省察（reflection）　33, 86, 133, 134

職業体験　43

職業実践力育成プログラム（BP：Brush up Program for professional）　189

人権教育　219, 220

人権教育及び人権啓発の推進に関する法律　219

人生100年時代構想会議　53, 59

新・放課後子ども総合プラン　58

青少年育成施策大綱　39

相互学習　21, 62, 66, 198

**た行**

体験学習　65, 123, 124, 132

体験活動　65, 123-130, 156, 174-176, 178

第3期教育振興基本計画　53

地域（の）課題　31, 36, 46, 48, 49, 56, 83, 113, 114, 117, 139, 209

地方創生人材　137, 138

地方創生人材プラン　137

中央教育審議会答申『教職生活の全体を通じた教員の資質能力の総合的な向上方策について』　145

中央教育審議会答申『これからの学校教育を担う教員の資質能力の向上について～学びあい、高めあう教員育成コミュニティの構築に向けて～』　145

中央教育審議会答申『今後の青少年の体験活動の推進について』　124, 179

中央教育審議会答申『次代を担う自立した青少年の育成に向けて―青少年の意欲を高め、心と体の相伴った成長を促す方策について』　58

中央教育審議会答申『人口減少社会の新しい地域づくりに向けた社会教育の振興方策について』　113, 157, 179

中央教育審議会答申『青少年の奉仕活動・体験活動の推進方策等について』　151

中央教育審議会答申『21世紀を展望した我が国の教育の在り方ついて』　58

中央教育審議会答申『幼稚園、小学校、中学校、高等学校及び特別支援学校の学習指導要領等の改善及び必要な方策について』　180

討議法　22, 68

トゥルニエ（Tournier, P.）　35, 57

図書館法　160, 161

『図書館の設置及び運営上の望ましい基準』
　163

### な行

ノールズ（Knowles, M.S.）　31, 32, 73

### は行

ハーヴィガースト（Havighurst, R.J.）　29,
　31

博物館法　167, 169, 172, 173

博物館法施行規則　169

発達課題論　29, 31

人づくり革命　基本構想　54

ファシリテーター（facilitator）　46, 61, 73,
　75, 76, 82, 85, 89, 114, 138, 192

ファシリテーション（facilitation）　61, 76,
　77, 81, 82, 86, 90

ペダゴジー（pedagogy）　32, 35

ボランティア（volunteer）　52, 129-132,
　134, 135, 156, 173

ボランティア活動　19, 44, 54, 56, 131-133,
　135, 136, 151, 247

本邦外出身者に対する不当な差別的言動の
　解消に向けた取組の推進に関する法律
　（ヘイトスピーチ解消法）　219,

### ま行

まち・ひと・仕事創生法　137

メタ認知（meta cognition）能力　18, 66

メジロー（Mezirow, J.）　33, 57

### や行

養成・研修プログラム　132, 140-142

### ら行

ライフサイクル論　29

リカレント（recurrent）教育　54, 187, 188

履修証明（制度）　188, 189

リーダーシップ（leader ship）　38, 42, 138,
　192

レーベル（Lebel, J.）　34

### わ行

ワークショップ（workshop）63, 64, 79

# 欧文索引

## E

e ラーニング（・システム） 20, 24, 138, 199-201, 215, 217

## I

ICT（Information and Communication Technology） 47, 53, 194, 196, 198-200

## M

MOOC（大規模公開オンライン講座、Massive Open Online Course） 184

# 著者紹介と執筆分担

## 浅井　経子（あさい　きょうこ）

第1章、第6章第3節、第5節2.、3.、付・学習の進め方シート担当

八洲学園大学教授

主な著作

『社会教育経営論―新たな系の創造を目指して―』（共編著）理想社、2020（令和2）年

『生涯学習概論―生涯学習社会の展望― 新版』（編著）理想社、2019（令和元）年

『生涯学習の道具箱』（企画編集代表、共編著）一般財団法人 社会通信教育協会、2019（平成31）年

『生涯学習支援実践講座　新生涯学習コーディネーター　新支援技法　研修』（社会通信教育テキスト、共企画・著）一般財団法人 社会通信教育協会、2014（平成26）年

『生涯学習支援実践講座　生涯学習コーディネーター研修』（社会通信教育テキスト、共企画・著）一般財団法人 社会通信教育協会、2009（平成21）年

## 伊藤　康志（いとう　やすし）

第4章第3節、第6章第1、6節担当

東京家政大学学長補佐、八洲学園大学非常勤講師

主な著作

『生涯学習支援の道具箱』（共編著）一般財団法人 社会通信教育協会、2019（平成31）年

『生涯学習〔eソサエティ〕ハンドブック』（共編著）文憲堂、2004（平成16）年

## 白木　賢信（しらき　たかのぶ）

第4章第1節、第5章第4節、第6章第2節担当

常葉大学教授

主な著作

『社会教育経営論―新たな系の創造を目指して―』（共編著）理想社、2020（令和2）年

『生涯学習概論―生涯学習社会の展望― 新版』（共著）理想社、2019（令和元）年

『生涯学習支援の道具箱』（共著）一般財団法人 社会通信教育協会、2019（平成31）年

『野外教育学研究法』（共著）杏林書院、2018（平成30）年

## 原　義彦（はら　よしひこ）

第4章第2、7節、第5章第1節担当

秋田大学教授

主な著作

『社会教育経営論─新たな系の創造を目指して─』（共編著）理想社、2020（令和2）年

『生涯学習概論─生涯学習社会の展望─ 新版』（共著）理想社、2019（令和元）年

『生涯学習支援の道具箱』（共編著）一般財団法人 社会通信教育協会、2019（平成31）年

『生涯学習社会と公民館　経営診断による公民館のエンパワーメント』日本評論社、2015（平成27）年

---

## 大島　まな（おおしま　まな）

第2章担当

九州女子大学人間科学部教授

主な著作

『子どもに豊かな放課後を』（共著）日本地域社会研究所、2019年

『未来の必要─生涯教育立国の条件─』（分担執筆）学文社、2011（平成23）年

『社会教育の核心』（編著）財団法人 全日本社会教育連合会、2010（平成22）年

## 志々田まなみ（ししだ　まなみ）

第3章担当

文部科学省国立教育政策研究所生涯学習政策研究部総括研究官（併）社会教育実践研究センター社会教育調査官

主な著作

『生涯学習支援の道具箱』（共著）、一般財団法人 社会通信教育協会、2019（平成31）年

## 青山　鉄兵（あおやま　てっぺい）

第4章第4、5節担当

文教大学准教授

主な著作

『社会教育の学習論─社会教育がめざす人間像を考える─』（共編著）学文社、2016（平成28）年

『社会教育の公共性論─社会教育の制度設計と評価を考える─』（分担執筆）学文社、2016（平成28）年

松橋　義樹（まつはし　よしき）

第4章第6節、第5章第3節、第6章第3節担当
常磐大学
主な著作
『社会教育の基礎［新版］』（共編著）学文社、2015（平成27）年
『生涯学習の基礎［新版］』（共著）学文社、2011（平成23）年


下山　佳那子（しもやま　かなこ）

第5章第2節担当
八洲学園大学准教授
主な著作
『生涯学習概論―生涯学習社会の展望― 新版』（共著）理想社、2019（令和元）年
『図書館概論』（共著）三和印刷社、2018（平成30）年


田井　優子（たい　ゆうこ）

第6章第5節1．担当
常葉大学准教授
主な著作
『学習支援情報・学習相談』（共著）角川学芸出版、2006（平成18）年
『生涯学習論』（共著）文憲堂、2009（平成21）年
『社会教育計画』（共著）文憲堂、2007（平成19）年

生涯学習支援論―理論と実践―

2020年3月20日　第1版第1刷発行

編著者　浅井　経子
　　　　伊藤　康志
　　　　白木　賢信
　　　　原　　義彦

発行者　宮本　純男

〒270-2231 千葉県松戸市稔台2-58-2

発行所　株式会社　理想社

TEL　047(366)8003
FAX　047(360)7301

ISBN978-4-650-01210-1 C3037　　製作協力　モリモト印刷